MASAKAN ANDALUSIA

100 Resipi Sepanyol Dari Tanah Seribu Landskap

Nithya Somasundram

Bahan Hak Cipta ©2024

Hak cipta terpelihara

Tiada bahagian buku ini boleh digunakan atau dihantar dalam apa jua bentuk atau dengan apa cara sekalipun tanpa kebenaran bertulis yang sewajarnya daripada penerbit dan pemilik hak cipta, kecuali petikan ringkas yang digunakan dalam semakan. Buku ini tidak boleh dianggap sebagai pengganti nasihat perubatan, undang-undang atau profesional lain.

ISI KANDUNGAN

ISI KANDUNGAN 3
PENGENALAN 6
SARAPAN PAGI 7
   1. Tortilla Sepanyol (Tortilla Española) 8
   2. Churros dengan Coklat 10
   3. Magdalenas 12
   4. Huevos Rotos dengan Jamón 14
   5. Sepanyol dan Omelet Feta 16
   6. Bahasa Sepanyol Chicharrónes Dengan Huevo 18
   7. Soufflé Sarapan Sepanyol 20
   8. Badengan, Lada Merah dan Mozzarella Telur dadar 22
   9. Polenta Bahasa Sepanyol yang dimuatkan 24
   10. Pisto dengan Huevo 26
   11. Sarapan Muffin Dedak 28
   12. Bungkus Sarapan Sepanyol 30
   13. Pan dengan Tomate (Roti Tomato) 32
   14. Hash Sepanyol Dua Kentang 34
   15. Muffin Telur Sepanyol 36
   16. Pain Kacang Semalaman Oatmeal 38
   17. Kacau Bayam dan Telur 40
   18. Feta dan Tomato Berebut-rebut 42
   19. Tomato dan Omelet Feta 44
   20. Yogurt Yunani dengan Madu dan Kacang 46
   21. Mangkuk Sarapan Sepanyol 48
   22. Salad Avokado dan Tomato Sepanyol 50
PEMAPISAKAN 52
   23. Goreng udang rangup 53
   24. Tomato yang disumbat 55
   25. Goreng ikan kod garam dengan Aioli 57
   26. Kroket udang 60
   27. Cubi kentang berempah 62
   28. Sudang galah gambas 64
   29. Vinaigrette kerang 66
   30. Lada sumbat beras 68
   31. Cumi dengan minyak rosemary & cili 70
   32. Salad Pasta Caprese 72
   33. Balsamic Bruschetta 74
   34. Gigitan Kerang dan Ham kering 76

35. Terung dengan madu 78
36. Sosej dimasak dalam cider 80
37. Kebab daging lembu Sepanyol 82
38. Manchego Dengan Simpanan Oren 84
39. Ayam Pintxo 87
40. Churros Lima Rempah 89
41. Churros Jagung Pedas 91

HIDANGAN UTAMA 95

42. Paella Valenciana 96
43. Gazpacho Andaluz (Sup Tomato Sejuk) 98
44. Nasi Sepanyol 100
45. Salad kentang Sepanyol 102
46. Carbonara Sepanyol 104
47. Bebola daging dalam sos tomato 106
48. Sup Kacang Putih 108
49. Fabada Asturiana (Rebus Kacang Asturian) 110
50. Ayam Marsala 112
51. Ayam Fettuccini Alfredo 114
52. Makan Malam Makanan Laut Diavolo 116
53. Linguine dan Udang Scampi 118
54. Udang dengan Sos Krim Pesto 120
55. Sup Ikan dan Chorizo 122
56. Ratatouille Sepanyol 124
57. Rebus kacang & Chorizo 126
58. Gazpacho 128
59. Sotong dan Nasi 130
60. Rebus arnab dalam Tomato 132
61. Udang dengan Adas 134

PENJERAHAN 136

62. Flan de Leche (Flan Sepanyol) 137
63. Tarta de Santiago (Kek Badam) 139
64. Murahan Galette dengan Salami 141
65. Ricotta Di berkrim 143
66. Kuki Anisette 145
67. Karamel Flan 147
68. Krim Catalan 149
69. Krim Sepanyol oren-limau 151
70. Drunken melon 153
71. Sorbet lmond 155
72. Torte epal Sepanyol 157
73. Caramel kastard 160
74. kek keju Sepanyol 162
75. Kastard goreng Sepanyol 164

76. S gula-gula kacang panish 166
77. Puding Sayang ed 168
78. Torte bawang Sepanyol 170
79. Soufflé kuali Sepanyol 172

MINUMAN 174

80. Rum & Halia 175
81. Sangria Sepanyol 177
82. Tinto de verano 179
83. Sangria Wain Putih 181
84. Horchata 183
85. Licor 43 Cuba Percuma 185
86. Buah Air tawar 187
87. Caipirinha 189
88. Carajillo 191
89. Liqueur Limau 193
90. Sgroppino 195
91. Aperol Spritz 197
92. Gingermore 199
93. Hugo 201
94. Frappé buah segar Sepanyol 203
95. S coklat panas ala panish 205
96. Chinotto hijau 207
97. Rose Spritz 209
98. Sayang bee cortado 211
99. Pahit jeruk 213
100. Pisco Sour 215

KESIMPULAN 217

PENGENALAN

Selamat datang ke "Masakan Andalusia," di mana kami menyelidiki warisan masakan yang kaya di wilayah selatan Sepanyol, yang terkenal dengan kepelbagaian landskap, budaya bertenaga dan masakan yang lazat. Dengan garis pantai yang menakjubkan, dataran subur dan gunung yang megah, Andalucía ialah sebuah negara yang berbeza yang telah memikat pengembara dan penggemar makanan selama berabad-abad. Dalam buku masakan ini, kami meraikan citarasa dan tradisi masakan Andalusia dengan 100 resipi asli yang mempamerkan kepelbagaian masakan dan kreativiti masakan di rantau ini.

Dalam buku masakan ini, anda akan memulakan perjalanan masakan melalui Andalucía, menemui permaidani perisa dan ramuan yang mencerminkan pengaruh budaya unik dan kepelbagaian geografi di rantau ini. Daripada gazpacho ikonik dan salmorejo yang menyegarkan kepada rebusan enak seperti rabo de toro dan tapas tradisional seperti gambas al ajillo, setiap resipi adalah perayaan gastronomi Andalusia, di mana bahan-bahan segar dan bermusim diubah menjadi pengalaman masakan yang tidak dapat dilupakan.

Apa yang membezakan " Masakan Andalusia " ialah penekanannya pada keaslian dan tradisi. Setiap resipi telah dikaji dan diuji dengan teliti untuk memastikan bahawa ia menangkap intipati sebenar masakan Andalusia, menghormati teknik memasak berabad-abad lamanya dan kombinasi rasa yang telah diturunkan dari generasi ke generasi. Sama ada anda seorang tukang masak yang berpengalaman atau orang baru dalam bidang kulinari, resipi ini menawarkan rasa perisa yang kaya dengan perisa yang mentakrifkan gastronomi Andalusia.

Sepanjang buku masakan ini, anda akan temui petua praktikal untuk mendapatkan bahan asli , menguasai teknik memasak yang penting dan mencipta pengalaman makan yang tidak dapat dilupakan yang diilhamkan oleh landskap dan tradisi Andalucía. Sama ada anda menganjurkan perhimpunan perayaan dengan rakan-rakan atau hanya ingin menyelitkan hidangan anda dengan citarasa Sepanyol, " Masakan Andalusia " menjemput anda untuk menikmati kekayaan dan kepelbagaian masakan Andalusia di rumah anda sendiri.

SARAPAN PAGI

1. Tortilla Sepanyol (Tortilla Española)

BAHAN-BAHAN:
- 6 biji telur besar
- 1 paun (kira-kira 3 sederhana) kentang, dikupas dan dihiris nipis
- 1 biji bawang besar, hiris nipis
- Garam secukup rasa
- Minyak zaitun untuk menggoreng

ARAHAN:

a) Dalam kuali besar, panaskan sejumlah besar minyak zaitun di atas api sederhana. Masukkan kentang dan bawang, perasakan dengan garam, dan masak perlahan-lahan, kacau sekali-sekala, sehingga kentang lembut tetapi tidak keperangan, kira-kira 20 minit.

b) Dalam mangkuk besar, pukul telur dengan secubit garam. Toskan kentang dan bawang dari minyak dan masukkannya ke dalam telur yang dipukul, kacau perlahan-lahan.

c) Keluarkan sebahagian besar minyak dari kuali, biarkan cukup untuk menyalut bahagian bawah. Kembalikan kuali ke api sederhana dan masukkan campuran telur-kentang-bawang, ratakan.

d) Masak tortilla sehingga bahagian bawah berwarna perang keemasan dan bahagian atas ditetapkan tetapi sedikit cair, kira-kira 5 minit. Letakkan pinggan besar di atas kuali dan balikkan tortilla dengan teliti ke atas pinggan, kemudian luncurkannya semula ke dalam kuali untuk memasak bahagian lain. Masak selama 3-5 minit lagi sehingga perang keemasan.

e) Biarkan tortilla sejuk selama beberapa minit sebelum dihidangkan. Ia boleh dinikmati panas, pada suhu bilik, atau sejuk.

2. Churros dengan Coklat

BAHAN-BAHAN:
UNTUK CHURROS:
- 1 cawan air
- 1/2 cawan mentega
- 1/4 sudu teh garam
- 1 cawan tepung serba guna
- 3 biji telur
- Minyak sayuran untuk menggoreng
- Gula untuk salutan

SOS COKLAT:
- 1/2 cawan coklat gelap, dicincang
- 1 cawan susu
- 1 sudu besar tepung jagung
- 2 sudu besar gula

ARAHAN:
a) Dalam periuk, masak air, mentega, dan garam hingga mendidih. Masukkan tepung sekaligus, kacau kuat-kuat sehingga adunan menjadi bebola. Keluarkan dari api dan biarkan sejuk sedikit.
b) Pukul telur ke dalam doh satu persatu, pastikan setiap satu sebati sepenuhnya sebelum masukkan yang seterusnya.
c) Panaskan minyak dalam penggoreng dalam atau kuali besar hingga 375°F (190°C). Paipkan jalur doh ke dalam minyak menggunakan beg pastri yang dipasang dengan hujung bintang besar. Goreng sehingga perang keemasan, kemudian angkat dan toskan di atas tuala kertas. Masukkan gula semasa masih suam.
d) Untuk sos coklat, campurkan tepung jagung dengan sedikit susu untuk menjadi pes. Panaskan baki susu dalam periuk bersama gula. Masukkan coklat dan pes tepung jagung, pukul sehingga coklat cair dan sos pekat.
e) Hidangkan churros hangat bersama sos coklat untuk dicelup.

3. Magdalenas

BAHAN-BAHAN:
- 2/3 cawan minyak zaitun atau minyak sayuran
- 3/4 cawan gula
- Perahan 1 limau
- 3 biji telur besar
- 1 1/2 cawan tepung serba guna
- 1 1/2 sudu teh serbuk penaik
- 1/4 cawan susu
- Sedikit garam

ARAHAN:
a) Panaskan ketuhar hingga 375°F (190°C) dan alaskan loyang muffin dengan pelapik kertas.
b) Dalam mangkuk, pukul bersama minyak, gula, dan kulit limau. Masukkan telur satu persatu, kacau rata selepas setiap penambahan.
c) Ayak tepung, serbuk penaik, dan garam ke dalam adunan telur, berselang seli dengan susu, dan lipat sehingga sebati.
d) Isi cawan muffin 3/4 penuh dengan adunan. Bakar selama 18-20 minit atau sehingga kekuningan dan pencungkil gigi yang dimasukkan ke tengah keluar bersih.
e) Hidangkan magdalena dengan café dengan leche untuk sarapan tradisional Sepanyol.

4.Huevos Rotos dengan Jamón

BAHAN-BAHAN:
- 2 biji kentang besar, dikupas dan dipotong menjadi kepingan nipis atau kiub
- Minyak zaitun untuk menggoreng
- Garam secukup rasa
- 4 biji telur
- 4 keping Jamón Serrano atau Iberico (ham yang diubati Sepanyol)
- Pilihan: hirisan lada hijau atau bawang untuk rasa tambahan

ARAHAN:
a) Panaskan sejumlah besar minyak zaitun dalam kuali besar dengan api sederhana. Masukkan kentang (dan lada hijau atau bawang jika guna), perasakan dengan garam, dan goreng sehingga keemasan dan garing. Keluarkan dan toskan pada tuala kertas.
b) Dalam kuali yang sama, kurangkan minyak sehingga cukup untuk menggoreng telur. Pecahkan telur ke dalam kuali dan goreng mengikut citarasa anda, perasakan dengan sedikit garam.
c) Susun kentang goreng di atas pinggan, atasnya dengan telur goreng, dan kemudian koyakkan hirisan Jamón Serrano atau Iberico di atasnya. Haba daripada telur dan kentang akan menghangatkan sedikit ham.
d) Hidangkan serta-merta, pecahkan kuning telur supaya ia meleleh di atas kentang dan ham, campurkan segala-galanya semasa anda makan.

5. Sepanyol dan Omelet Feta

BAHAN-BAHAN:
- 2 biji telur besar
- 1 sudu besar minyak zaitun
- ¼ cawan keju feta, hancur
- Segenggam daun bayam
- Garam dan lada sulah secukup rasa

ARAHAN:
a) Pukul telur dalam mangkuk dan perasakan dengan garam dan lada sulah.
b) Panaskan minyak zaitun dalam kuali tidak melekat di atas api sederhana.
c) Masukkan bayam dan masak hingga layu.
d) Tuangkan telur yang telah dikocok ke atas sayur-sayuran dan biarkan seketika.
e) Taburkan keju feta pada separuh telur dadar, dan lipat separuh lagi di atasnya.
f) Masak sehingga telur masak sepenuhnya.

6.Bahasa Sepanyol Chicharrónes Dengan Huevo

BAHAN-BAHAN:
- 1 cawan pork chicharrónes (kulit babi goreng), dihancurkan
- 4 biji telur besar
- ½ cawan tomato potong dadu
- ¼ cawan bawang merah potong dadu
- 2 sudu besar minyak zaitun

ARAHAN:
a) Dalam mangkuk, pukul telur dan perasakan dengan garam dan lada sulah.
b) Panaskan minyak zaitun dalam kuali dengan api sederhana.
c) Masukkan tomato dadu, bawang merah potong dadu, dan jalapeño potong dadu ke dalam kuali. Tumis hingga sayur empuk.
d) Tuangkan telur yang telah dipukul ke dalam kuali, kacau perlahan-lahan untuk menggabungkan dengan sayur-sayuran.
e) Setelah telur mula set, masukkan chicharrónes yang dihancurkan ke dalam kuali, teruskan kacau sehingga telur masak.
f) Hidangkan panas, ditaburkan dengan ketumbar segar yang dicincang, dan dengan hirisan kapur di sebelah.

7. Soufflé Sarapan Sepanyol

BAHAN-BAHAN:
- 6 biji telur besar, dipisahkan
- ½ cawan keju feta, hancur
- ¼ cawan buah zaitun hitam, dihiris
- ¼ cawan tomato kering matahari, dicincang
- ¼ cawan basil segar, dicincang

ARAHAN:
a) Panaskan ketuhar hingga 375°F (190°C).
b) Pukul kuning telur sehingga sebati dalam mangkuk besar.
c) Dalam mangkuk yang berasingan, pukul putih telur sehingga puncak kaku terbentuk.
d) Masukkan keju feta, hirisan buah zaitun hitam, tomato kering yang dicincang dan selasih segar ke dalam kuning telur yang telah dipukul perlahan-lahan.
e) Masukkan putih telur yang telah dipukul dengan berhati-hati sehingga sebati.
f) Perasakan dengan garam dan lada sulah secukup rasa.
g) Griskan loyang dan tuang adunan ke dalamnya.
h) Bakar selama 25-30 minit atau sehingga soufflé kembang dan perang keemasan.
i) Keluarkan dari ketuhar dan biarkan sejuk sebelum dihidangkan.

8. Badengan, Lada Merah dan Mozzarella Telur dadar

BAHAN-BAHAN:
- 7 keping Badengan
- 1 sudu besar Minyak Zaitun
- 4 biji Telur besar
- 4 auns Keju Mozzarella Segar, Kiub
- 1 Lada Loceng Merah sederhana

ARAHAN:
a) Panaskan ketuhar hingga 350°F.
b) Dalam kuali panas, masukkan 1 sudu besar minyak zaitun dan masak 7 keping badengan sehingga perang.
c) Masukkan lada benggala merah cincang ke dalam kuali dan kacau rata.
d) Pukul 4 biji telur besar dalam mangkuk, tambah 4 auns mozzarella segar yang dipotong dadu, dan gaul rata.
e) Masukkan campuran telur dan keju ke dalam kuali, memastikan pengedaran sekata.
f) Masak sehingga telur mula set di sekeliling tepi.
g) Parut 2 auns keju kambing di atas bahagian atas Telur dadar.
h) Pindahkan kuali ke dalam ketuhar dan bakar selama 6-8 minit pada 350°F, kemudian panggang selama 4-6 minit tambahan sehingga bahagian atas berwarna perang keemasan.
i) Keluarkan dari oven dan biarkan seketika.
j) Keluarkan Telur dadar dari kuali dengan berhati-hati, hiaskan dengan pasli cincang segar, dan potong sebelum dihidangkan.

9.Polenta Bahasa Sepanyol yang dimuatkan

BAHAN-BAHAN:
- 1 cawan polenta
- 4 cawan sup sayur
- 2 sudu besar minyak zaitun
- 1 tin (400g) tomato dipotong dadu, toskan
- 1 cawan hati articok, dicincang

ARAHAN:

a) Dalam periuk sederhana, masak sup sayur-sayuran sehingga mendidih. Pukul polenta, kacau sentiasa sehingga pekat dan berkrim.

b) Dalam kuali yang berasingan, panaskan minyak zaitun dengan api sederhana. Tumis bawang besar yang dicincang halus hingga lut sinar.

c) Masukkan bawang putih cincang ke dalam kuali dan tumis selama 1-2 minit lagi.

d) Kacau dalam tomato dadu yang telah dikeringkan, hati articok yang dicincang, dan perasakan dengan garam dan lada sulah. Masak selama 5-7 minit sehingga panas.

e) Tuangkan campuran sayuran Sepanyol ke atas polenta, kacau perlahan-lahan untuk menggabungkan.

10. Pisto dengan Huevo

BAHAN-BAHAN:
- 2 sudu besar minyak zaitun
- 1 biji bawang besar, potong dadu
- 1 lada benggala hijau, potong dadu
- 1 lada benggala merah, potong dadu
- 2 zucchini, dipotong dadu
- 2 biji tomato, dikupas dan dicincang
- Garam dan lada sulah secukup rasa
- 4 biji telur
- Pasli cincang untuk hiasan

ARAHAN:
a) Panaskan minyak zaitun dalam kuali besar di atas api sederhana. Masukkan bawang dan lada, masak sehingga ia mula lembut.
b) Masukkan zucchini dan masak selama beberapa minit lagi sehingga ia mula lembut.
c) Masukkan tomato, perasakan dengan garam dan lada sulah, dan renehkan campuran sehingga ia pekat, kira-kira 15-20 minit, kacau sekali-sekala.
d) Setelah sayur-sayuran lembut dan adunan mempunyai konsistensi seperti sos, buat empat perigi dalam pisto dan pecahkan telur ke dalam setiap perigi. Tutup kuali dan masak sehingga telur mengikut citarasa anda.
e) Taburkan dengan pasli cincang sebelum dihidangkan.

11. Sarapan Muffin Dedak

BAHAN-BAHAN:
- 2 cawan bijirin serpihan dedak
- 1 1/2 cawan tepung serba guna
- 1/2 cawan kismis
- 1/3 cawan gula
- 3/4 cawan jus oren segar

ARAHAN:
a) Panaskan ketuhar hingga 400°F.
b) Minyakkan sedikit loyang muffin 12 cawan atau alaskan dengan pelapik kertas.
c) Dalam mangkuk besar, satukan kepingan dedak, tepung, kismis, gula dan garam.
d) Dalam mangkuk sederhana, campurkan jus oren segar dan minyak.
e) Tuangkan bahan basah ke dalam bahan kering dan gaul sehingga sebati.
f) Sudukan adunan ke dalam tin muffin yang disediakan, penuhkan cawan kira-kira dua pertiga penuh.
g) Bakar sehingga perang keemasan dan pencungkil gigi yang dimasukkan ke dalam muffin keluar bersih, kira-kira 20 minit.
h) Hidangkan muffin hangat.

12. Bungkus Sarapan Sepanyol

BAHAN-BAHAN:
- Bungkus bijirin penuh atau roti rata
- Hummus
- Salmon salai
- Timun, dihiris nipis
- Dill segar, dicincang

ARAHAN:
a) Sapukan hummus secara merata ke atas bungkus bijirin penuh.
b) Lapiskan salmon salai dan timun yang dihiris nipis.
c) Taburkan dengan dill segar yang dicincang.
d) Gulung bungkus dengan ketat dan potong separuh.

13. Pan dengan Tomate (Roti Tomato)

BAHAN-BAHAN:
- 4 keping roti berkerak
- 2 biji tomato masak, dibelah dua
- 1 ulas bawang putih, dikupas
- Minyak zaitun extra virgin
- Garam secukup rasa
- Pilihan: Ham atau keju dihiris untuk topping

ARAHAN:
a) Bakar hirisan roti hingga keemasan dan garing.
b) Sapu roti yang telah dibakar tadi dengan ulas bawang putih.
c) Potong tomato separuh dan gosok bahagian terbuka tomato ke atas roti, tekan sedikit untuk mengeluarkan jus dan pulpa ke atas roti. Roti harus lembap dengan tomato.
d) Lumurkan setiap keping dengan minyak zaitun dan taburkan garam secukup rasa.
e) Jika dikehendaki, atas dengan hirisan ham atau keju. Hidangkan segera.

14. Hash Sepanyol Dua Kentang

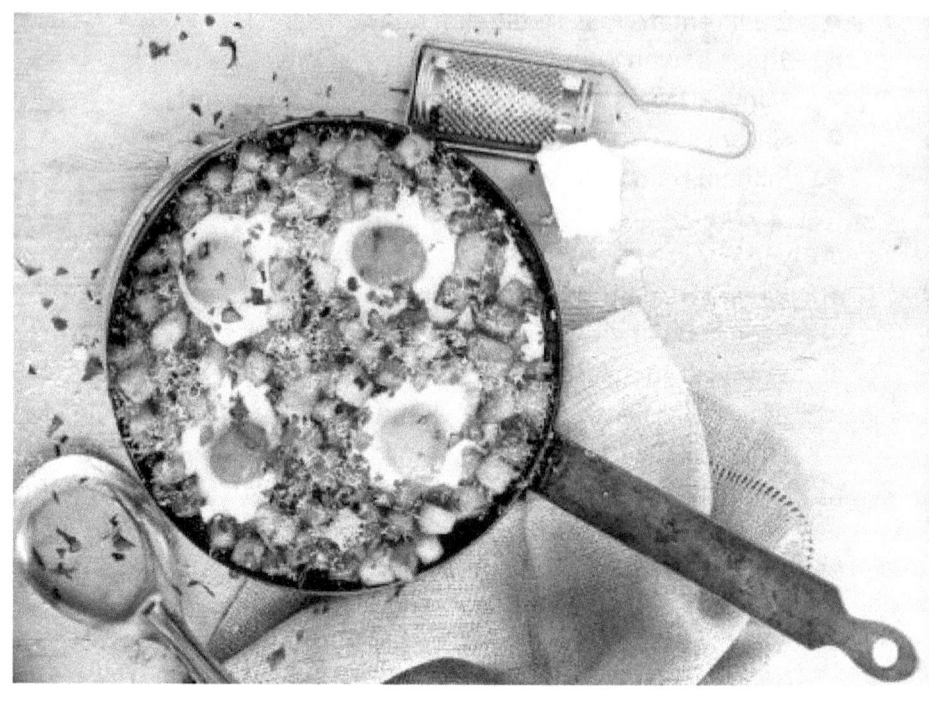

BAHAN-BAHAN:
- Minyak zaitun untuk menggoreng
- ½ bawang, cincang kasar
- 80g kiub pancetta salai
- 1 ubi keledek besar, potong 2cm kiub
- 2-3 kentang Désirée sederhana, potong 2cm kiub

ARAHAN:
a) Panaskan minyak zaitun dalam kuali besar di atas api sederhana.
b) Masukkan bawang besar yang dicincang kasar dan tumis hingga lut sinar.
c) Masukkan kiub pancetta salai ke dalam kuali dan masak sehingga ia mula perang.
d) Masukkan keledek dan kentang Désirée ke dalam kuali. Masak sehingga kentang empuk dan mempunyai kerak coklat keemasan (kira-kira 15 minit).
e) Buat empat telaga dalam hash dan pecahkan telur ke dalam setiap telaga. Tutup kuali dan masak sehingga telur masak mengikut citarasa anda.
f) Hiaskan dengan parmesan parut halus dan pasli daun rata segar yang dicincang.

15. Muffin Telur Sepanyol

BAHAN-BAHAN:
- 6 biji telur besar
- ½ cawan tomato ceri, dipotong dadu
- ½ cawan bayam, dicincang
- ¼ cawan keju feta, hancur
- 1 sudu besar zaitun hitam, dihiris

ARAHAN:

a) Panaskan ketuhar hingga 375°F (190°C). Griskan loyang muffin dengan minyak zaitun atau gunakan pelapik kertas.

b) Dalam mangkuk, pukul telur bersama-sama. Perasakan dengan garam dan lada sulah.

c) Dalam kuali, tumis tomato ceri, bayam, dan lada benggala merah dalam minyak zaitun sehingga lembut.

d) Agihkan sayur tumis tadi ke dalam loyang muffin yang telah disediakan.

e) Tuangkan telur kocok ke atas sayur-sayuran dalam setiap cawan muffin.

f) Taburkan keju feta yang telah hancur, buah zaitun hitam yang dihiris dan pasli segar yang dicincang di atas setiap mufin telur.

g) Bakar dalam ketuhar yang telah dipanaskan selama 15-20 minit atau sehingga telur ditetapkan dan bahagian atasnya berwarna perang keemasan.

h) Biarkan muffin telur sejuk selama beberapa minit sebelum mengeluarkannya dari tin muffin.

16. Pain Kacang Semalaman Oatmeal

BAHAN-BAHAN:
- 1 cawan oat gulung kuno
- 1 cawan yogurt Yunani
- 1 cawan susu (tenusu atau berasaskan tumbuhan)
- 2 sudu besar madu
- 2 sudu besar kacang pain, dibakar

ARAHAN:
a) Dalam mangkuk, gabungkan oat gulung, yogurt Yunani, susu, madu dan ekstrak vanila. Kacau hingga sebati.
b) Lipat dalam kacang pain panggang.
c) Bahagikan adunan kepada dua balang atau bekas kedap udara.
d) Tutup balang atau bekas dan simpan dalam peti sejuk semalaman atau sekurang-kurangnya 4 jam untuk membolehkan oat menjadi lembut dan rasa bercampur.
e) Sebelum dihidangkan, beri oatmeal semalaman kacau dengan baik. Jika terlalu pekat, anda boleh menambah percikan susu untuk mencapai konsistensi yang anda inginkan.

17. Kacau Bayam dan Telur

BAHAN-BAHAN:
- 4 biji telur besar
- 2 cawan bayam segar, dicincang
- 1 sudu besar minyak zaitun
- ½ bawang, dicincang halus
- Garam dan lada sulah secukup rasa

ARAHAN:
a) Dalam mangkuk, pukul telur dan perasakan dengan garam dan lada sulah.
b) Panaskan minyak zaitun dalam kuali dengan api sederhana.
c) Masukkan bawang besar cincang dan tumis hingga layu.
d) Masukkan bawang putih cincang dan bayam cincang ke dalam kuali. Masak sehingga bayam layu.
e) Tuangkan telur yang telah dipukul ke dalam kuali di atas campuran bayam.
f) Kacau telur perlahan-lahan dengan spatula sehingga masak tetapi masih lembab.
g) Keluarkan kuali dari api.
h) Pilihan: Jika dikehendaki, taburkan keju feta yang hancur di atas telur dan kacau hingga sebati.
i) Hiaskan dengan tomato ceri separuh dan pasli segar yang dicincang.
j) Hidangkan Bayam dan Berebut-rebut Telur panas-panas dan nikmatilah!

18. Feta dan Tomato Berebut-rebut

BAHAN-BAHAN:
- Telur
- Keju feta, hancur
- Tomato ceri, potong dadu
- Basil segar, dicincang
- Minyak zaitun

ARAHAN:
a) Dalam mangkuk, pukul telur dan perasakan dengan garam dan lada sulah.
b) Panaskan minyak zaitun dalam kuali dan kacau telur.
c) Masukkan feta yang telah hancur dan tomato ceri yang telah dipotong dadu.
d) Masak sehingga telur masak sepenuhnya.
e) Taburkan dengan basil cincang segar sebelum dihidangkan.

19. Tomato dan Omelet Feta

BAHAN-BAHAN:
- 2 sudu teh minyak zaitun
- 4 biji telur, dipukul
- 8 biji tomato ceri, dicincang
- 50g keju feta, hancur
- daun salad campur, untuk dihidangkan (pilihan)

ARAHAN:
- Panaskan minyak dalam kuali, masukkan telur dan masak sambil diputar sekali sekala. Selepas beberapa minit, taburkan feta dan tomato. Masak selama satu minit lagi sebelum dihidangkan.
- Panaskan minyak dalam kuali bertutup, kemudian masak bawang besar, cili, bawang putih dan tangkai ketumbar selama 5 minit sehingga lembut. Masukkan tomato, kemudian reneh selama 8-10 minit.
- Menggunakan bahagian belakang sudu besar, buat 4 celup dalam sos, kemudian pecahkan telur ke dalam setiap satunya. Letakkan pekacangup di atas kuali, kemudian masak dengan api perlahan selama 6-8 minit, sehingga telur masak mengikut citarasa anda.
- Taburkan dengan daun ketumbar dan hidangkan bersama roti.

20. Yogurt Yunani dengan Madu dan Kacang

BAHAN-BAHAN:
- Yogurt Yunani
- Sayang
- Badam, dicincang
- Walkacang, dicincang
- Beri segar (pilihan)

ARAHAN:
a) Sudukan yogurt Greek ke dalam mangkuk.
b) Tuangkan madu ke atas yogurt.
c) Taburkan badam cincang dan walkacang di atasnya.
d) Tambah beri segar jika mahu.

21. Mangkuk Sarapan Sepanyol

BAHAN-BAHAN:
- Quinoa yang dimasak
- Hummus
- Timun, potong dadu
- Tomato ceri, dibelah dua
- Buah zaitun Kalamata, dihiris

ARAHAN:
a) Sudukan quinoa yang dimasak ke dalam mangkuk.
b) Tambah dollops hummus.
c) Taburkan timun yang dipotong dadu, tomato ceri yang dibelah dua dan buah zaitun Kalamata yang dihiris.
d) Gaul sebati sebelum dinikmati.

22.Salad Avokado dan Tomato Sepanyol

BAHAN-BAHAN:
- 2 buah alpukat masak, dipotong dadu
- 2 biji tomato, potong dadu
- 1/4 cawan bawang merah, dicincang halus
- 2 sudu besar pasli segar, dicincang
- 1 sudu besar minyak zaitun
- 1 sudu besar jus limau
- Garam dan lada sulah, secukup rasa

ARAHAN:
a) Dalam mangkuk, satukan alpukat yang dipotong dadu, tomato, bawang merah dan pasli segar.
b) Dalam mangkuk kecil, pukul bersama minyak zaitun, jus limau, garam, dan lada sulah.
c) Tuangkan dressing ke atas salad dan kacau perlahan-lahan hingga sebati.
d) Hidangkan segera sebagai ulam yang menyegarkan.

PEMAPISAKAN

23. Goreng udang rangup

BAHAN-BAHAN:
- ½ paun udang kecil, dikupas
- 1½ cawan kacang ayam atau tepung biasa
- 1 sudu besar pasli daun rata segar yang dicincang
- 3 daun bawang, bahagian putih dan sedikit bahagian atas hijau lembut, dicincang halus
- paprika/pimenton manis
- garam
- Minyak zaitun untuk menggoreng

ARAHAN:
a) Masak udang dalam periuk dengan air yang cukup untuk mekacangupinya dan biarkan mendidih dengan api yang tinggi.
b) Dalam mangkuk atau pemproses makanan, satukan tepung, pasli, daun bawang, dan pimentón untuk menghasilkan adunan. Masukkan air masak yang telah disejukkan dan secubit garam.
c) Kisar atau proses sehingga anda mempunyai tekstur yang sedikit lebih tebal daripada adunan pancake. Sejukkan selama 1 jam selepas ditutup.
d) Keluarkan udang dari peti ais dan kisar halus. Kisar kopi hendaklah sebesar kepingan.
e) Keluarkan adunan dari peti ais dan masukkan udang.
f) Dalam kuali tumis yang berat, tuangkan minyak zaitun ke kedalaman kira-kira 1 inci dan panaskan dengan api yang tinggi sehingga hampir berasap.
g) Untuk setiap penggoreng, tuangkan 1 sudu besar adunan ke dalam minyak dan ratakan adunan dengan bahagian belakang sudu menjadi bulatan berdiameter 3 1/2 inci.
h) Goreng selama kira-kira 1 minit pada setiap sisi, berputar sekali, atau sehingga goreng keemasan dan garing.
i) Keluarkan goreng menggunakan sudu berlubang dan letakkan di atas pinggan kalis ketuhar.
j) Hidangkan segera.

24. Tomato yang disumbat

BAHAN-BAHAN:
- 8 tomato kecil, atau 3 tomato besar
- 4 biji telur rebus, disejukkan dan dikupas
- 6 sudu besar Aioli atau mayonis
- Garam dan lada
- 1 sudu besar pasli, dicincang
- 1 sudu besar serbuk roti putih, jika menggunakan tomato besar

ARAHAN:
a) Celupkan tomato ke dalam besen berisi air ais atau sangat sejuk selepas mengulitinya dalam periuk air mendidih selama 10 saat.
b) Potong bahagian atas tomato. Menggunakan satu sudu teh atau pisau kecil yang tajam, kikis biji dan bahagian dalam.
c) Tumbuk telur dengan Aioli (atau mayonis, jika menggunakan), garam, lada sulah dan pasli dalam mangkuk adunan.
d) Isi tomato dengan inti, tekan dengan kuat. Gantikan pekacangup pada sudut yang cerah pada tomato kecil.
e) Isi tomato ke bahagian atas, tekan dengan kuat sehingga ia rata. Sejukkan selama 1 jam sebelum dihiris menjadi cincin menggunakan pisau ukiran yang tajam.
f) Hiaskan dengan pasli.

25. Goreng ikan kod garam dengan Aioli

BAHAN-BAHAN:
- 1 lb ikan kod garam , direndam
- 3 1/2 oz serbuk roti putih kering
- 1/4 lb kentang tepung
- Minyak zaitun, untuk menggoreng cetek
- 1/4 cawan susu
- Baji limau dan daun salad, untuk dihidangkan
- 6 biji bawang besar dihiris halus
- Aioli

ARAHAN:

a) Dalam kuali dengan air mendidih masin ringan, masak kentang, tidak dikupas, selama kira-kira 20 minit, atau sehingga empuk. longkang.

b) Kupas kentang sebaik sahaja ia cukup sejuk untuk dikendalikan, kemudian tumbuk dengan garpu atau penumbuk kentang.

c) Dalam periuk, satukan susu, separuh daripada daun bawang, dan biarkan mendidih. Masukkan ikan kod yang telah direndam dan rebus selama 10-15 minit, atau sehingga ia mudah mengelupas. Keluarkan ikan kod dari kuali dan serpikan ke dalam mangkuk dengan garpu, buang tulang dan kulitnya.

d) Masukkan 4 sudu besar kentang tumbuk bersama ikan kod dan satukan dengan senduk kayu.

e) Kerjakan dalam minyak zaitun, kemudian masukkan baki kentang tumbuk secara beransur-ansur. Satukan baki daun bawang dan pasli dalam mangkuk adunan.

f) Secukup rasa, perasakan dengan jus limau dan lada sulah.

g) Dalam mangkuk yang berasingan, pukul sebiji telur sehingga sebati, kemudian sejukkan sehingga pepejal.

h) Canai adunan ikan yang telah sejuk tadi menjadi 12-18 bebola, kemudian ratakan perlahan-lahan menjadi kek bulat kecil.

i) Setiap satu hendaklah ditaburkan terlebih dahulu, kemudian dicelupkan ke dalam baki telur yang telah dipukul dan diakhiri dengan serbuk roti kering.

j) Sejukkan sehingga sedia untuk digoreng.

k) Dalam kuali besar dan berat, panaskan kira-kira 3/4 inci minyak. Masak goreng selama kira-kira 4 minit dengan api sederhana tinggi.

l) Balikkan dan masak selama 4 minit lagi, atau sehingga garing dan keemasan di bahagian lain.

m) Toskan pada tuala kertas sebelum dihidangkan dengan Aioli, hirisan limau dan daun salad.

26. Kroket udang

BAHAN-BAHAN:
- 3 1/2 oz mentega
- 4 oz tepung biasa
- 1 1/4 pain susu sejuk
- Garam dan lada
- 14 oz udang masak kupas, potong dadu
- 2 sudu kecil tomato puree
- 5 atau 6 sudu besar serbuk roti halus
- 2 biji telur besar, dipukul
- Minyak zaitun untuk menggoreng

ARAHAN:
a) Dalam periuk sederhana, cairkan mentega dan tambah tepung, kacau sentiasa.
b) Perlahan-lahan tuangkan susu sejuk, kacau sentiasa, sehingga anda mendapat sos yang pekat dan licin.
c) Masukkan udang, perasakan dengan garam dan lada sulah, kemudian masukkan pes tomato. Masak selama 7 hingga 8 minit lagi.
d) Ambil sedikit sudu bahan dan canai menjadi kroket silinder 1 1/2 - 2 inci.
e) Canai kroket dalam serbuk roti, kemudian dalam telur yang telah dipukul, dan terakhir dalam serbuk roti.
f) Dalam kuali yang besar dan berdasar berat, panaskan minyak untuk menggoreng sehingga mencapai suhu 350°F atau kiub roti bertukar menjadi perang keemasan dalam 20-30 saat.
g) Goreng selama kira-kira 5 minit dalam kelompok tidak lebih daripada 3 atau 4 sehingga perang keemasan.
h) Menggunakan sudu berlubang, keluarkan ayam, toskan di atas kertas dapur, dan hidangkan segera.

27. Cubi kentang berempah

BAHAN-BAHAN:
- 3 sudu besar minyak zaitun
- 4 Kentang Russet, dikupas, dan katil kiub
- 2 sudu besar bawang besar kisar
- 2 ulas bawang putih, dikisar
- Garam dan lada hitam yang baru dikisar
- 1 1/2 sudu besar paprika Sepanyol
- 1/4 sudu teh Sos Tabasco
- 1/4 sudu teh thyme yang dikisar
- 1/2 cawan Sos tomato
- 1/2 cawan mayonis
- Pasli cincang, untuk hiasan
- 1 cawan minyak zaitun, untuk menggoreng

ARAHAN:
a) Panaskan 3 sudu besar minyak zaitun dalam periuk dengan api sederhana.
b) Tumis bawang besar dan bawang putih hingga bawang layu.
c) Keluarkan kuali dari api dan pukul dalam paprika, sos Tabasco, dan thyme.
d) Dalam mangkuk adunan, satukan sos tomato dan mayonis.
e) Secukup rasa, perasakan dengan garam dan lada sulah. Keluarkan daripada persamaan.

Kentang:
f) Perasakan kentang dengan sedikit garam dan lada hitam.
g) Goreng kentang dalam 1 cawan (8 fl. oz.) minyak zaitun dalam kuali besar sehingga perang keemasan dan masak, tos sekali-sekala.
h) Toskan kentang di atas tuala kertas, rasakannya, dan perasakan dengan garam tambahan jika perlu.
i) Untuk memastikan kentang segar, gabungkan dengan sos sebelum dihidangkan.
j) Hidangkan hangat, dihiasi dengan pasli cincang.

28. Sudang galah gambas

BAHAN-BAHAN:
- 1/2 cawan minyak zaitun
- Jus 1 limau
- 2 sudu teh garam laut
- 24 ekor udang sederhana besar , dalam kulit dengan kepala utuh

ARAHAN:
a) Dalam mangkuk adunan, satukan minyak zaitun, jus limau, dan garam dan pukul sehingga sebati. Untuk menyalut udang dengan ringan, celupkannya ke dalam adunan selama beberapa saat.
b) Dalam kuali kering, panaskan minyak dengan api yang tinggi. Bekerja secara berkelompok, masukkan udang dalam satu lapisan tanpa menyesakkan kuali apabila ia sangat panas. 1 minit membakar
c) Kecilkan api kepada sederhana dan masak selama satu minit tambahan. Besarkan api dan goreng udang selama 2 minit lagi, atau sehingga kekuningan.
d) Pastikan udang hangat dalam ketuhar yang rendah di atas pinggan kalis ketuhar.
e) Masak udang yang tinggal dengan cara yang sama.

29. Vinaigrette kerang

BAHAN-BAHAN:
- 2 1/2 dozen kupang, digosok dan janggut dibuang Daun salad yang dicincang
- 2 sudu besar bawang hijau kisar
- 2 sudu besar lada hijau cincang
- 2 sudu besar lada merah kisar
- 1 sudu besar pasli cincang
- 4 sudu besar minyak zaitun
- 2 sudu besar cuka atau jus limau
- Sedikit sos lada merah
- Garam secukup rasa

ARAHAN:
a) Kukus kerang terbuka.
b) Letakkannya dalam periuk besar air. Tutup dan masak dengan api besar, kacau kuali sekali-sekala, sehingga cangkerang terbuka. Keluarkan kerang dari api dan buang yang tidak terbuka.
c) Kerang juga boleh dipanaskan dalam ketuhar gelombang mikro untuk membukanya. Ketuhar gelombang mikro selama satu minit pada kuasa maksimum dalam mangkuk selamat gelombang mikro, bertutup sebahagiannya.
d) Ketuhar gelombang mikro selama satu minit lagi selepas dikacau. Keluarkan mana-mana kerang yang telah dibuka dan masak selama satu minit lagi dalam ketuhar gelombang mikro. Keluarkan yang terbuka sekali lagi.
e) Keluarkan dan buang cengkerang kosong apabila ia cukup sejuk untuk dikendalikan.
f) Di atas dulang hidangan, letakkan kupang di atas katil daun salad yang dicincang sejurus sebelum dihidangkan.
g) Satukan bawang, lada hijau dan merah, pasli, minyak, dan cuka dalam hidangan campuran.
h) Garam dan sos lada merah secukup rasa. Isi cangkerang kerang separuh dengan adunan.

30. Lada sumbat beras

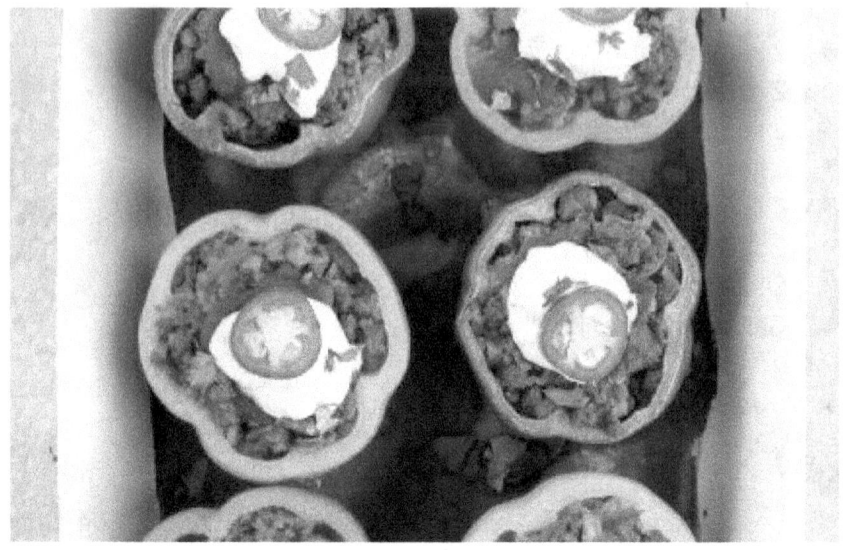

BAHAN-BAHAN:
- 1 lb 2 oz Nasi Sepanyol berbutir pendek, seperti Bomba atau Calasparra
- 2-3 sudu besar minyak zaitun
- 4 lada merah besar
- 1 lada merah kecil, dicincang
- 1/2 bawang, dicincang
- 1/2 biji tomato, dibuang kulit dan dicincang
- 5 oz daging babi cincang / cincang atau 3 oz ikan kod garam
- Safron
- Pasli segar yang dicincang
- garam

ARAHAN:
a) Kikis membran dalam dengan satu sudu teh selepas memotong hujung batang lada dan simpan sebagai pekacangup untuk dimasukkan semula kemudian.
b) Panaskan minyak dan tumis lada merah hingga lembut.
c) Goreng bawang sehingga empuk, kemudian masukkan daging dan perang sedikit, masukkan tomato selepas beberapa minit, kemudian masukkan lada masak, beras mentah, kunyit, dan pasli. Perasakan dengan garam secukup rasa.
d) Isi lada dengan berhati-hati dan letakkan di sisinya di atas pinggan kalis ketuhar, berhati-hati agar tidak menumpahkan isinya.
e) Masak hidangan dalam ketuhar panas selama kira-kira 1 1/2 jam, bertutup.
f) Nasi dimasak dalam cecair tomato dan lada.

31. Cumi dengan minyak rosemary & cili

BAHAN-BAHAN:
- Minyak zaitun extra virgin
- 1 tandan rosemary segar
- 2 biji cili merah, buang biji dan cincang halus krim tunggal 150ml
- 3 biji kuning telur
- 2 sudu besar keju Parmesan parut
- 2 sudu besar tepung biasa
- Garam dan lada hitam tanah segar
- 1 ulas bawang putih, kupas dan hancurkan
- 1 sudu kecil oregano kering
- Minyak sayuran untuk menggoreng
- 6 Sotong, bersihkan dan potong cincin
- garam

ARAHAN:

a) Untuk membuat sos, panaskan minyak zaitun dalam periuk kecil dan kacau dalam rosemary dan cili. Keluarkan daripada persamaan.

b) Dalam mangkuk adunan yang besar, pukul bersama krim, kuning telur, keju parmesan, tepung, bawang putih dan oregano. Kisar sehingga adunan sebati. Perasakan dengan lada hitam, baru dikisar.

c) Panaskan minyak hingga 200°C untuk menggoreng, atau sehingga kiub roti menjadi perang dalam 30 saat.

d) Celupkan cincin sotong, satu persatu, ke dalam adunan dan masukkan dengan teliti ke dalam minyak. Masak sehingga perang keemasan, kira-kira 2-3 minit.

e) Toskan di atas kertas dapur dan hidangkan segera dengan dressing dituangkan di atasnya. Jika perlu, perasakan dengan garam.

32. Salad Pasta Caprese

BAHAN-BAHAN:
- 2 cawan pasta penne yang dimasak
- 1 cawan pesto
- 2 biji tomato cincang
- 1 cawan keju mozzarella potong dadu
- Garam dan lada sulah secukup rasa
- 1/8 sudu kecil. oregano
- 2 sudu kecil. cuka wain merah

ARAHAN:
a) Masak pasta mengikut pakej **ARAHAN:** , yang mengambil masa kira-kira 12 minit. longkang.
b) Dalam mangkuk adunan yang besar, satukan pasta, pesto, tomato dan keju; perasakan dengan garam, lada sulah dan oregano.
c) Tuangkan cuka wain merah di atas.
d) Ketepikan selama 1 jam di dalam peti ais.

33. Balsamic Bruschetta

BAHAN-BAHAN:
- 1 cawan tomato Roma yang dibuang biji dan dipotong dadu
- ¼ cawan basil cincang
- ½ cawan keju pecorino yang dicincang
- 1 ulas bawang putih kisar
- 1 sudu besar cuka balsamic
- 1 sudu kecil. minyak zaitun
- Garam dan lada secukup rasa - berhati-hati, kerana keju agak masin dengan sendirinya.
- 1 keping roti Perancis yang dihiris
- 3 sudu besar. minyak zaitun
- ¼ sudu kecil. serbuk Bawang putih
- ¼ sudu kecil. selasih

ARAHAN:
a) Dalam hidangan campuran, satukan tomato, basil, keju pecorino, dan bawang putih.
b) Dalam mangkuk adunan kecil, pukul bersama cuka dan 1 sudu besar minyak zaitun; ketepikan. c) Lumurkan hirisan roti dengan minyak zaitun, serbuk bawang putih, dan selasih.
c) Letakkan di atas loyang dan bakar selama 5 minit pada suhu 350 darjah.
d) Keluarkan dari ketuhar. Kemudian masukkan campuran tomato dan keju di atas.
e) Jika perlu, perasakan dengan garam dan lada sulah.
f) Hidangkan segera.

34. Gigitan Kerang dan Ham kering

BAHAN-BAHAN:
- ½ cawan ham kering yang dihiris nipis
- 3 sudu besar. keju krim
- 1 lb kerang
- 3 sudu besar. minyak zaitun
- 3 ulas bawang putih kisar
- 3 sudu besar. keju parmesan
- Garam dan lada secukup rasa - berhati-hati, kerana ham kering akan menjadi masin

ARAHAN:
a) Sapukan salutan kecil keju krim pada setiap kepingan ham kering.
b) Seterusnya, bungkus sekeping ham kering di sekeliling setiap kerang dan selamatkan dengan pencungkil gigi.
c) Dalam kuali, panaskan minyak zaitun.
d) Masak bawang putih selama 2 minit dalam kuali.
e) Masukkan kerang yang dibalut dengan kerajang dan masak selama 2 minit pada setiap sisi.
f) Sapukan keju Parmesan di atasnya.
g) Masukkan garam dan lada sulah secukup rasa jika suka.
h) Perah lebihan cecair dengan tuala kertas.

35. Terung dengan madu

BAHAN-BAHAN:
- 3 sudu besar. Sayang
- 3 biji terung
- 2 cawan Susu
- 1 sudu besar. garam
- 1 sudu besar. lada
- 100g Tepung
- 4 sudu besar. Minyak zaitun

ARAHAN:
a) Hiris nipis terung.
b) Dalam hidangan adunan, satukan terung. Tuangkan susu secukupnya ke dalam besen untuk mekacangupi terung sepenuhnya. Perasakan dengan secubit garam.
c) Biarkan selama sekurang-kurangnya satu jam untuk berendam.
d) Keluarkan terung daripada susu dan ketepikan. Menggunakan tepung, salutkan setiap kepingan. Sapukan dalam campuran garam dan lada.
e) Dalam kuali, panaskan minyak zaitun. Goreng hirisan terung pada suhu 180 darjah C.
f) Letakkan terung goreng di atas tuala kertas untuk menyerap lebihan minyak.
g) Siramkan terung dengan madu.
h) Hidang.

36. Sosej dimasak dalam cider

BAHAN-BAHAN:
- 2 cawan cider epal
- 8 sosej chorizo
- 1 sudu besar. minyak zaitun

ARAHAN:
a) Potong chorizo ke dalam kepingan nipis.
b) Dalam kuali, panaskan minyak. Panaskan ketuhar hingga sederhana.
c) Masukkan chorizo. Goreng sehingga warna makanan berubah.
d) Tuangkan cider. Masak selama 10 minit, atau sehingga sos agak pekat.
e) Roti perlu dihidangkan dengan hidangan ini.
f) Nikmati!!!

37.Kebab daging lembu Sepanyol

BAHAN-BAHAN:
- ½ cawan jus oren
- ¼ cawan Jus tomato
- 2 sudu teh Minyak zaitun
- 1½ sudu teh Jus limau
- 1 sudu kecil Atau e gano, kering
- ½ sudu teh Paprika
- ½ sudu teh Jintan, tanah
- ¼ sudu teh garam
- ¼ sudu teh Lada, hitam
- 10 auns daging lembu tanpa tulang; potong 2" kiub
- 1 sederhana Bawang Merah; potong 8 bahagian
- 8 setiap satu tomato ceri

ARAHAN:

a) Untuk membuat perapan, gabungkan jus oren dan tomato, minyak, jus limau, oregano, paprika, jintan manis, garam dan lada dalam beg plastik bersaiz gelen yang boleh ditutup.

b) Masukkan kiub daging; mengelak beg itu, menekan udara; putar untuk melapisi daging lembu.

c) Sejukkan selama sekurang-kurangnya 2 jam atau semalaman, baling beg itu sekali-sekala. Menggunakan semburan masak nonstick, salutkan rak gril.

d) Letakkan rak gril 5 inci dari arang. Ikut arahan pengilang untuk memanggang.

e) Toskan stik dan ketepikan bahan perapan.

f) Menggunakan 4 lidi logam atau buluh yang direndam, masukkan jumlah daging lembu, bawang dan tomato yang sama banyak.

g) Bakar kebab selama 15-20 minit, atau sehingga masak mengikut kesukaan anda, putar dan gosok dengan perapan khas dengan kerap.

38. Manchego Dengan Simpanan Oren

BAHAN-BAHAN:
- 1 kepala bawang putih
- 1 1/2 cawan minyak zaitun, ditambah lagi untuk meresap
- Garam kosher
- 1 Seville atau oren pusat
- 1/4 cawan gula
- 1 paun keju Manchego muda, potong 3/4 inci
- 1 sudu besar rosemary dicincang halus
- 1 sudu besar thyme dicincang halus
- Baguette panggang

ARAHAN:

a) Panaskan ketuhar hingga 350 darjah Fahrenheit. suku inci "Keluarkan bahagian atas mentol bawang putih dan letakkan di atas kepingan foil. Perasakan dengan garam dan renjiskan dengan minyak.

b) Balut dengan selamat dalam foil dan bakar selama 35–40 minit, atau sehingga kulit berwarna perang keemasan dan bunga cengkih lembut. Biarkan sejuk. Perah bunga cengkih ke dalam besen adunan besar.

c) Pada masa yang sama, potong 1/4 "Keluarkan bahagian atas dan bawah oren dan empat bahagian memanjang. Keluarkan daging dari setiap perempat kulit dalam satu bahagian, tidak termasuk empulur putih (simpan kulit).

d) Ketepikan jus yang diperah daripada daging dalam besen kecil.

e) Potong kulit menjadi kepingan suku inci dan letakkan dalam periuk kecil dengan air sejuk yang cukup untuk mekacangupi satu inci. Didihkan, kemudian toskan; lakukan ini dua kali lagi untuk menghilangkan kepahitan.

f) Dalam periuk, satukan kulit oren, gula, jus oren yang dikhaskan, dan 1/2 cawan air.

g) Didihkan; kecilkan api kepada perlahan dan renehkan, kacau selalu, selama 20–30 minit, atau sehingga kulit lembut dan cecair menjadi sirap. Biarkan pengawet oren sejuk.

h) Gaulkan bersama pengawet oren, Manchego, rosemary, thyme, dan baki 1 1/2 cawan minyak dalam mangkuk dengan bawang putih. Sejukkan sekurang-kurangnya 12 jam selepas ditutup.

i) Sebelum dihidangkan bersama roti bakar, bawa Manchego yang telah diperap ke suhu bilik.

39. Ayam Pintxo

BAHAN-BAHAN:
- 1.8 paun paha ayam tanpa kulit tanpa tulang dipotong menjadi 1" kepingan
- 1 sudu besar paprika salai Sepanyol
- 1 sudu teh oregano kering
- 2 sudu teh jintan halus
- 3/4 sudu teh garam laut
- 3 ulas bawang putih dikisar
- 3 sudu besar pasli dicincang
- 1/4 cawan minyak zaitun extra virgin
- Sos Chimichurri Merah

ARAHAN:

a) Dalam besen adunan besar, satukan semua bahan dan toskan hingga sebati untuk menyaluti kepingan ayam. Biarkan perap semalaman di dalam peti sejuk.

b) Rendam lidi buluh selama 30 minit dalam air. Menggunakan lidi, lidi kepingan ayam.

c) Bakar selama 8-10 minit, atau sehingga masak dengan sempurna.

40. Churros Lima Rempah

BAHAN-BAHAN:
- Minyak sayuran (untuk menggoreng)
- ½ cawan + 2 sudu besar gula
- ¾ sudu teh kayu manis tanah
- ¾ sudu teh serbuk lima rempah
- 1 batang (8 sudu besar) mentega tanpa garam (potong kecil)
- ¼ sudu teh garam
- 1 cawan tepung serba guna
- 3 biji telur besar

ARAHAN:

a) Isi periuk besar dan berat dengan 2 inci minyak sayuran dan panaskan hingga 350 darjah F menggunakan termometer yang digoreng. Sediakan beg pastri dengan hujung bintang besar, dan letakkan pinggan yang dialas dengan tuala kertas berdekatan.

b) Pada pinggan besar, satukan ½ cawan gula, kayu manis tanah, dan serbuk lima rempah.

c) Dalam periuk sederhana, satukan mentega, garam, baki 2 sudu besar gula, dan 1 cawan air. Didihkan campuran ini dengan api sederhana. Setelah mendidih masukkan tepung dan kacau dengan senduk kayu sehingga adunan menjadi bebola. Keluarkan dari api dan masukkan telur satu demi satu, kacau dengan kuat selepas setiap penambahan. Sudukan adunan yang terhasil ke dalam beg pastri yang telah disediakan.

d) Bekerja secara berkelompok, paipkan adunan sepanjang kira-kira 5 inci ke dalam minyak panas, potong hujung bebas daripada beg paip menggunakan pisau pengupas. Pastikan periuk tidak terlalu sesak. Goreng sehingga churros berwarna perang keemasan yang mendalam, yang sepatutnya mengambil masa kira-kira 6 minit.

e) Pindahkan ke dalam pinggan beralas untuk toskan sebentar, kemudian pindahkan ke dalam pinggan dengan adunan gula lima rempah dan salutkan dengan rata.

f) Hidangkan churros lima rempah anda dengan segera. Nikmati!

41. Churros Jagung Pedas

BAHAN-BAHAN:
UNTUK SALSA DAN QUESO:
- 6 biji cascabel kering, bertangkai dan dibuang biji
- 4 biji tomato besar, dibuang biji
- 2 biji cili fresno, bertangkai
- ¾ bawang putih, dikupas, dipotong menjadi kepingan
- 2 ulas bawang putih, dikupas
- 2 sudu besar jus limau nipis segar
- Garam kosher
- 3 sudu besar mentega tanpa garam
- 2 sudu besar tepung serba guna
- 1 ½ cawan susu (atau lebih)
- ½ paun keju bicu Monterey, parut
- ½ paun keju cheddar, parut (sederhana muda atau tajam)

UNTUK CHURROS:
- 1 sudu besar serbuk cili
- 2/3 cawan susu
- 6 sudu besar mentega tanpa garam
- ½ sudu teh jintan halus
- ½ cawan tepung serba guna
- ½ cawan tepung jagung
- 3 biji telur besar
- Minyak sayuran (untuk menggoreng, kira-kira 12 cawan)

ARAHAN:

a) Panaskan ketuhar hingga 350°F. Bakar cili cascabel sehingga wangi dan berwarna perang sedikit kira-kira 5 minit. Keluarkan cili dari loyang dan biarkan sejuk.

b) Naikkan suhu ketuhar kepada 450°F. Panggang tomato, cili Fresno, dan bawang di atas lembaran pembakar berbingkai sehingga kulit menjadi perang dan mula terpisah daripada daging, 30–35 minit. Pindahkan mereka ke pengisar dan tambah bawang putih, jus limau nipis, dan 2 sudu teh garam; gaul hingga sebati. Masukkan cili cascabel panggang dan gaul sehingga dicincang kasar. Biarkan ia berada pada suhu bilik sehingga sedia untuk dihidangkan.

c) Dalam periuk sederhana, cairkan mentega dengan api sederhana. Masukkan tepung dan masak sehingga sebati kira-kira 1 minit. Pukul susu dan teruskan masak sehingga adunan mendidih dan pekat kira-kira 4 minit. Kecilkan api kepada perlahan, masukkan kedua-dua keju secara beransur-ansur, dan masak, kacau sentiasa, sehingga keju cair sepenuhnya dan queso licin. Jika nampak terlalu pekat, masukkan sedikit lagi susu. Pastikan queso hangat sehingga sedia untuk dihidangkan.

d) Muatkan beg pastri dengan hujung bintang. Pukul serbuk cili dan 1 sudu besar garam dalam mangkuk kecil; ketepikan.

e) Dalam periuk sederhana di atas api sederhana tinggi, bawa susu, mentega, jintan putih, 1¼ sudu teh garam, dan ½ cawan air hingga mendidih.

f) Menggunakan senduk kayu, masukkan tepung dan tepung jagung sekali gus, dan kacau dengan kuat sehingga doh menjadi sebati, kira-kira 30 saat.

g) Biarkan ia duduk di dalam kuali selama 10 minit untuk menghidratkan tepung jagung. Pindahkan adunan ke dalam mangkuk pengadun berdiri atau mangkuk besar.

h) Menggunakan pengadun berdiri yang dipasang dengan lampiran dayung pada kelajuan sederhana rendah, masukkan telur ke dalam doh, satu demi satu, pastikan untuk memasukkan setiap telur sebelum menambah yang berikutnya (sebagai alternatif, kacau dengan kuat menggunakan sudu kayu). Doh akan kelihatan pecah pada mulanya; teruskan pukul, kikis mangkuk sekali-sekala, sehingga doh licin, berkilat dan agak meregang (tarik sekeping kecil doh dan regangkan-ia tidak sepatutnya pecah). Sudukan doh ke dalam beg pastri yang telah disediakan.

i) Tuangkan minyak ke dalam periuk besar untuk sampai separuh bahagian tepi. Pasangkan periuk dengan termometer dan panaskan pada api sederhana tinggi sehingga termometer mencatatkan 350°F. Pegang beg pada sudut supaya hujungnya berada beberapa inci di atas permukaan minyak, picit keluar doh, gerakkan beg semasa anda memerah supaya doh disalurkan dalam 6" panjang ke dalam minyak. Menggunakan pisau pengupas, potong doh di hujung untuk keluarkan ke dalam minyak.. Ulang proses untuk membuat 4 lagi panjang doh.

j) Goreng churros, putar sekali dan laraskan api mengikut keperluan untuk mengekalkan suhu minyak, sehingga ia berwarna perang keemasan di semua sisi, 2-3 minit setiap sisi. Pindahkannya ke dalam lembaran pembakar yang dialas dengan tuala kertas. Ulang dengan doh yang tinggal.

k) Taburkan churros suam dengan bancuhan garam cili yang telah disediakan. Sapukan salsa di atas queso hangat dan pusingkan untuk bergabung; hidangkan bersama churros hangat. Nikmati!

HIDANGAN UTAMA

42. Paella Valenciana

BAHAN-BAHAN:
- 2 cawan beras paella (seperti Bomba atau Calasparra)
- 4 cawan air rebusan ayam atau sayur
- 1 lb (450g) paha ayam, potong
- 1/2 lb (225g) kacang hijau, dipotong
- 1 biji tomato, parut halus
- 1 biji bawang besar, cincang halus
- 2 ulas bawang putih, dikisar
- 1/2 cawan hati articok dalam tin, dibelah empat (pilihan)
- 1 sudu kecil benang kunyit
- 1 sudu teh paprika salai
- Minyak zaitun
- Garam dan lada sulah secukup rasa
- Limau wedges, untuk dihidangkan

ARAHAN:

a) Panaskan sedikit minyak zaitun dalam kuali paella atau kuali besar di atas api yang sederhana tinggi. Perasakan kepingan ayam dengan garam dan lada sulah, dan perangkannya di semua sisi. Angkat dan ketepikan.

b) Dalam kuali yang sama, masukkan bawang besar, kacang hijau, dan bawang putih. Masak sehingga sayur empuk. Masukkan tomato parut dan masak selama 2 minit lagi.

c) Masukkan beras, kunyit, dan paprika salai, kacau untuk menyalut nasi dalam minyak dan campurkan dengan sayur-sayuran. Masak selama 2 minit.

d) Kembalikan ayam ke dalam kuali dan masukkan air rebusan. Perasakan dengan garam dan lada sulah. Didihkan, kemudian kecilkan api dan reneh selama kira-kira 20 minit, atau sehingga nasi masak dan cecair diserap. Masukkan hati articok semasa 5 minit terakhir memasak.

e) Keluarkan dari haba dan biarkan ia duduk, tertutup, selama 10 minit sebelum dihidangkan. Hidangkan dengan hirisan limau di sebelah.

43. Gazpacho Andaluz (Sup Tomato Sejuk)

BAHAN-BAHAN:
- 2 paun (900g) tomato masak, dicincang kasar
- 1 timun, dikupas dan dicincang
- 1 lada benggala hijau, dicincang
- 1 bawang, dicincang
- 2 ulas bawang putih
- 3 sudu besar cuka sherry
- 1/2 cawan minyak zaitun
- Garam dan lada sulah secukup rasa
- Crouton dan telur rebus yang dicincang untuk hiasan

ARAHAN:

a) Satukan tomato, timun, lada benggala, bawang merah dan bawang putih dalam pengisar atau pemproses makanan. Kisar hingga sebati.

b) Melalui penapis, tuangkan campuran sayuran untuk mengeluarkan kulit dan biji, jika dikehendaki untuk tekstur yang lebih licin.

c) Masukkan cuka sherry, dan masukkan minyak zaitun perlahan-lahan sambil kacau berterusan. Perasakan dengan garam dan lada sulah.

d) Sejukkan dalam peti sejuk selama sekurang-kurangnya 2 jam, sebaik-baiknya semalaman.

e) Hidangkan sejuk, dihiasi dengan crouton dan telur rebus yang dicincang.

44. Nasi Sepanyol

BAHAN-BAHAN:
- 1- 28 auns tin Tomato yang dipotong dadu atau dihancurkan
- 3 cawan apa-apa jenis nasi putih bijirin panjang kukus yang dimasak mengikut bungkusan
- 3 sudu besar kanola atau minyak sayuran
- 1 lada benggala dihiris dan dibersihkan
- 2 ulas bawang putih segar dikisar
- 1/2 cawan wain merah atau sayur atau sup
- 2 sudu besar pasli segar yang dicincang
- 1/2 sudu teh oregano kering dan selasih kering
- garam, lada sulah, cayenne secukup rasa
- Hiasan: Parmesan parut dan keju campuran Romano
- Juga, anda boleh menambah apa-apa baki: stik kiub, daging babi kiub, ayam kiub atau cuba gunakan bebola daging yang dihancurkan
- Sayuran pilihan: zucchini potong dadu, cendawan yang dihiris, lobak merah yang dicukur, kacang polong atau apa-apa jenis sayuran lain yang anda suka.

ARAHAN:
a) Masukkan minyak zaitun, lada dan bawang putih ke dalam kuali besar dan masak selama 1 minit.
b) Masukkan tomato dadu atau hancur, wain, dan bahan-bahan yang tinggal ke dalam kuali.
c) Reneh selama 35 minit, atau lebih lama jika anda menambah lebih banyak sayur-sayuran.
d) Jika menggunakan, masukkan sebarang daging yang telah disediakan dan panaskan dalam sos selama kira-kira 5 minit sebelum dilipat ke dalam nasi putih yang telah dimasak.
e) Juga, jika menggunakan, daging sudah masak dan hanya perlu dipanaskan dalam sos.
f) Untuk menghidangkan, sendukkan sos di atas pinggan dengan nasi campur dan di atasnya dengan keju parut dan pasli segar.

45. Salad kentang Sepanyol

BAHAN-BAHAN:
- 3 kentang sederhana (16 oz).
- 1 besar (3 oz) lobak merah, dipotong dadu
- 5 sudu besar kacang hijau dikupas
- 2/3 cawan (4 oz) kacang hijau
- 1/2 bawang sederhana, dicincang
- 1 lada benggala merah kecil, dicincang
- 4 biji koktel gherkin, dihiris
- 2 sudu besar kaper bayi
- 12 biji zaitun isi ikan bilis
- 1 telur masak keras, dihiris nipis 2/3 cawan (5 fl. oz) mayonis
- 1 sudu besar jus limau
- 1 sudu kecil mustard Dijon
- Lada hitam yang baru dikisar, secukup rasa Pasli segar yang dicincang, untuk hiasan

ARAHAN:
a) Masak kentang dan lobak merah dalam air masin sedikit dalam periuk. Didihkan, kemudian kecilkan api dan masak sehingga hampir empuk.
b) Masukkan kacang polong dan kacang dan reneh, kacau sekali-sekala, sehingga semua sayur-sayuran lembut. Toskan sayur-sayuran dan letakkan di atas pinggan untuk dihidangkan.
c) Dalam mangkuk adunan yang besar, satukan bawang, lada sulah, ikan kembung, caper bayi, buah zaitun isi ikan bilis dan kepingan telur.
d) Satukan mayonis, jus limau, dan mustard dalam mangkuk berasingan sepenuhnya. Tuangkan adunan ini ke atas pinggan hidangan dan kacau rata untuk menyaluti semua bahan. Toskan dengan secubit garam dan lada sulah.
e) Sejukkan selepas dihias dengan pasli cincang.
f) Untuk meningkatkan rasa salad, biarkan ia berada pada suhu bilik selama kira-kira 1 jam sebelum dihidangkan.

46. Carbonara Sepanyol

BAHAN-BAHAN:
- 1 chorizo kecil dipotong dadu
- 1 ulas bawang putih ditumbuk halus
- 1 biji tomato kecil dipotong dadu
- 1 tin garbanzos
- perasa kering: garam, kepingan cili, oregano, biji adas, bunga lawang
- pimenton (paprika) untuk telur
- minyak zaitun extra virgin
- 2 biji telur
- 4-6 oz. pasta
- keju yang berkualiti

ARAHAN:

a) Dalam sedikit minyak zaitun, tumis bawang putih, tomato, dan chorizo selama beberapa minit, kemudian masukkan kacang dan perasa cair dan kering. Didihkan, kemudian kecilkan api ke rendah sehingga cecair berkurangan separuh.

b) Sementara itu, masak air pasta sehingga mendidih dan sediakan telur untuk dimasukkan ke dalam kuali bersama garbanzos dan ke dalam ketuhar yang telah dipanaskan. Untuk menambah rasa Sepanyol itu, saya taburkannya dengan campuran rempah dan pimenton yang disediakan.

c) Sekarang adalah masa yang sesuai untuk menambah pasta ke dalam periuk semasa kuali berada di dalam ketuhar dan air mendidih. Kedua-duanya harus bersedia pada masa yang sama.

47. Bebola daging dalam sos tomato

BAHAN-BAHAN:
- 2 sudu besar minyak zaitun
- 8 oz daging lembu kisar
- 1 cawan (2 oz) serbuk roti putih segar
- 2 sudu besar keju Manchego atau Parmesan parut
- 1 sudu besar pes tomato
- 3 ulas bawang putih, dihiris halus
- 2 daun bawang, dicincang halus
- 2 sudu teh thyme segar yang dicincang
- 1/2 sudu teh kunyit
- Garam dan lada sulah, secukup rasa
- 2 cawan (16 oz) tomato plum dalam tin, dicincang
- 2 sudu besar wain merah
- 2 sudu teh daun selasih segar yang dicincang
- 2 sudu teh rosemary segar yang dicincang

ARAHAN:
a) Satukan daging lembu, serbuk roti, keju, pes tomato, bawang putih, daun bawang, telur, thyme, kunyit, garam dan lada dalam mangkuk adunan.
b) Bentuk adunan menjadi 12 hingga 15 bola pejal dengan tangan anda.
c) Dalam kuali, panaskan minyak zaitun di atas api yang sederhana tinggi. Masak selama beberapa minit, atau sehingga bebola daging keperangan di semua sisi.
d) Dalam mangkuk adunan yang besar, satukan tomato, wain, selasih, dan rosemary. Masak, kacau sekali-sekala, selama kira-kira 20 minit, atau sehingga bebola daging siap.
e) Garam dan lada sulah, kemudian hidangkan bersama rapini, spageti atau roti yang telah dicelur.

48. Sup Kacang Putih

BAHAN-BAHAN:
- 1 biji bawang besar dicincang
- 2 sudu besar. minyak zaitun
- 2 batang saderi dihiris
- 3 ulas bawang putih kisar
- 4 cawan kacang cannellini dalam tin
- 4 cawan air rebusan ayam
- Garam dan lada sulah secukup rasa
- 1 sudu kecil rosemary segar
- 1 cawan kuntum brokoli
- 1 sudu besar. minyak truffle
- 3 sudu besar. keju parmesan parut

ARAHAN:
a) Dalam kuali besar, panaskan minyak.
b) Masak saderi dan bawang selama kira-kira 5 minit dalam kuali.
c) Masukkan bawang putih dan kacau hingga sebati. Masak selama 30 saat lagi.
d) Masukkan kacang, 2 cawan sup ayam, rosemary, garam, dan lada sulah, serta brokoli.
e) Didihkan cecair dan kemudian kecilkan kepada api yang rendah selama 20 minit.
f) Kisar sup dengan pengisar tangan anda sehingga ia mencapai kehalusan yang diingini.
g) Kecilkan api dan taburkan minyak truffle.
h) Sendukkan sup ke dalam pinggan dan taburkan dengan keju Parmesan sebelum dihidangkan.

49. Fabada Asturiana (Rebus Kacang Asturian)

BAHAN-BAHAN:
- 1 lb (450g) fabes kering (kacang Asturian) atau kacang putih besar, direndam semalaman
- 1/2 lb (225g) sosej chorizo, dihiris
- 1/2 lb (225g) morcilla (sosej darah), dihiris
- 1/4 lb (115g) garam babi atau bakon, dipotong dadu
- 1 bawang, dicincang
- 2 ulas bawang putih, dikisar
- 1 sudu teh paprika salai
- 2 daun salam
- Minyak zaitun
- Garam secukup rasa

ARAHAN:
a) Toskan kacang yang telah direndam dan masukkan ke dalam periuk besar. Tutup dengan air tawar, kira-kira 2 inci di atas kacang.
b) Masukkan chorizo , morcilla, daging babi garam, bawang merah, bawang putih, paprika salai, dan daun bay ke dalam periuk.
c) Didihkan, kemudian kecilkan api. Reneh perlahan-lahan selama 2-3 jam, atau sehingga kacang empuk dan rebusan telah pekat. Tambah lebih banyak air jika perlu semasa memasak untuk memastikan kacang tertutup.
d) Perasakan dengan garam secukup rasa. Keluarkan daun bay sebelum dihidangkan.
e) Hidangkan panas, disertai dengan roti berkerak untuk hidangan yang enak.

50. Ayam Marsala

BAHAN-BAHAN:
- ¼ cawan tepung
- Garam dan lada sulah secukup rasa
- ½ sudu kecil. thyme
- 4 ketul dada ayam tanpa tulang, ditumbuk
- ¼ cawan mentega
- ¼ cawan minyak zaitun
- 2 ulas bawang putih kisar
- 1 ½ cawan cendawan dihiris
- 1 biji bawang besar dipotong dadu
- 1 cawan marsala
- ¼ cawan separuh setengah atau krim kental

ARAHAN:
a) Dalam mangkuk adunan, satukan tepung, garam, lada sulah, dan thyme.
b) Dalam mangkuk yang berasingan, korek dada ayam dalam adunan.
c) Dalam kuali besar, cairkan mentega dan minyak.
d) Masak bawang putih selama 3 minit dalam kuali.
e) Masukkan ayam dan masak selama 4 minit pada setiap sisi.
f) Dalam kuali, satukan cendawan, bawang, dan marsala.
g) Masak ayam selama 10 minit dengan api perlahan.
h) Pindahkan ayam ke dalam pinggan hidangan.
i) Campurkan dalam setengah setengah atau krim berat. Kemudian, semasa memasak dengan tinggi selama 3 minit, kacau sentiasa.
j) Siram ayam dengan sos.

51. Ayam Fettuccini Alfredo

BAHAN-BAHAN:
- 1 paun pasta fettuccine
- 6 dada ayam tanpa tulang, tanpa kulit, dipotong menjadi kiub ¾ cawan mentega, dibahagikan
- 5 ulas bawang putih kisar
- 1 sudu kecil. thyme
- 1 sudu kecil. oregano
- 1 biji bawang besar dipotong dadu
- 1 cawan cendawan dihiris
- ½ cawan tepung
- Garam dan lada sulah secukup rasa
- 3 cawan susu penuh
- 1 cawan krim berat
- ¼ cawan keju gruyere parut
- ¾ cawan keju parmesan parut

ARAHAN:

a) Panaskan ketuhar hingga 350°F dan masak pasta mengikut pakej **ARAHAN:** , kira-kira 10 minit.
b) Dalam kuali, cairkan 2 sudu besar mentega dan masukkan kiub ayam, bawang putih, thyme dan oregano, masak dengan api perlahan selama 5 minit, atau sehingga ayam tidak lagi merah jambu. Keluarkan .
c) Dalam kuali yang sama, cairkan baki 4 sudu besar mentega dan tumis bawang dan cendawan.
d) Masukkan tepung, garam dan lada sulah selama 3 minit.
e) Masukkan krim kental dan susu. Kacau selama 2 minit lagi.
f) Kacau keju selama 3 minit dengan api perlahan.
g) Kembalikan ayam ke dalam kuali dan perasakan secukup rasa.
h) Masak selama 3 minit dengan api bawah.
i) Tuangkan sos ke atas pasta.

52. Makan Malam Makanan Laut Diavolo

BAHAN-BAHAN:
- 1 paun udang besar yang telah dikupas dan dikupas
- ½ paun kerang yang telah digoreng
- 3 sudu besar. minyak zaitun
- ½ sudu kecil. kepingan lada merah
- Garam secukup rasa
- 1 biji bawang besar dihiris kecil
- ½ sudu kecil. thyme
- ½ sudu kecil. oregano
- 2 biji ikan bilis hancur
- 2 sudu besar. pes tomato
- 4 ulas bawang putih kisar
- 1 cawan wain putih
- 1 sudu kecil. jus limau
- 2 ½ cawan tomato potong dadu
- 5 sudu besar. pasli

ARAHAN:
a) Dalam hidangan campuran, satukan udang, kerang, minyak zaitun, kepingan lada merah, dan garam.
b) Panaskan kuali hingga 350°F. Selama 3 minit, tumis makanan laut dalam satu lapisan. Ini adalah sesuatu yang boleh dilakukan secara berkelompok.
c) Letakkan udang dan kerang di atas pinggan hidangan.
d) Panaskan semula kuali.
e) Selama 2 minit, tumis bawang besar, herba, isi ikan bilis, dan pes tomato.
f) Satukan wain, jus limau, dan tomato dadu dalam mangkuk adunan.
g) Didihkan cecair.
h) Tetapkan suhu ke tahap yang rendah. Masak selama 15 minit selepas itu.
i) Kembalikan makanan laut ke dalam kuali, bersama dengan pasli.
j) Masak selama 5 minit dengan api perlahan.

53. Linguine dan Udang Scampi

BAHAN-BAHAN:
- 1 pakej pasta linguine
- ¼ cawan mentega
- 1 lada benggala merah dihiris
- 5 ulas bawang putih kisar
- 45 ekor udang besar mentah yang dikupas dan dibuang ½ cawan wain putih kering ¼ cawan air rebusan ayam
- 2 sudu besar. jus limau
- ¼ cawan mentega
- 1 sudu kecil. serpihan lada merah dihancurkan
- ½ sudu kecil. kunyit
- ¼ cawan pasli cincang
- Garam secukup rasa

ARAHAN:
a) Masak pasta mengikut pakej **ARAHAN:** , yang mengambil masa kira-kira 10 minit.
b) Toskan air dan ketepikan.
c) Dalam kuali besar, cairkan mentega.
d) Masak lada benggala dan bawang putih dalam kuali selama 5 minit.
e) Masukkan udang dan teruskan tumis selama 5 minit lagi.
f) Keluarkan udang ke pinggan, tetapi simpan bawang putih dan lada dalam kuali.
g) Didihkan wain putih, sup, dan jus limau.
h) Kembalikan udang ke kuali dengan 14 cawan lagi yang lebih baik.
i) Masukkan kepingan lada merah, kunyit, dan pasli, dan perasakan dengan garam secukup rasa.
j) Reneh selama 5 minit selepas digaul bersama pasta.

54. Udang dengan Sos Krim Pesto

BAHAN-BAHAN:
- 1 pakej pasta linguine
- 1 sudu besar. minyak zaitun
- 1 biji bawang besar dicincang
- 1 cawan cendawan dihiris
- 6 ulas bawang putih kisar
- ½ cawan mentega
- Garam dan lada sulah secukup rasa
- ½ sudu kecil. lada cayenne
- 1 3/4 cawan parut Pecorino Romano
- 3 sudu besar. tepung
- ½ cawan krim berat
- 1 cawan pesto
- 1 lb. udang masak, dikupas dan dikeringkan

ARAHAN:
a) Masak pasta mengikut pakej **ARAHAN:** , yang mengambil masa kira-kira 10 minit. longkang.
b) Dalam kuali, panaskan minyak dan masak bawang dan cendawan selama 5 minit.
c) Masak selama 1 minit selepas kacau dalam bawang putih dan mentega.
d) Dalam kuali, tuangkan krim pekat dan perasakan dengan garam, lada sulah dan lada cayenne.
e) Reneh selama 5 minit lagi.
f) Masukkan keju dan kacau hingga sebati. Teruskan pukul sehingga keju cair.
g) Kemudian, untuk memekatkan sos, campurkan tepung.
h) Masak selama 5 minit dengan pesto dan udang.
i) Salutkan pasta dengan sos.

55. Sup Ikan dan Chorizo

BAHAN-BAHAN:
- 2 kepala ikan (digunakan untuk memasak stok ikan)
- 500g isi ikan, potong kecil
- 1 biji bawang
- 1 ulas bawang putih
- 1 cawan wain putih
- 2 sudu besar. minyak zaitun
- 1 genggam pasli (dicincang)
- 2 cawan stok ikan
- 1 genggam oregano (dicincang)
- 1 sudu besar. garam
- 1 sudu besar. lada
- 1 saderi
- 2 tin tomato (tomato)
- 2 biji cili merah
- 2 biji sosej chorizo
- 1 sudu besar. paprika
- 2 daun salam

ARAHAN:
a) Bersihkan kepala ikan. Insang harus dikeluarkan. Perasakan dengan garam. Masak selama 20 minit pada suhu rendah. Keluarkan daripada persamaan.
b) Dalam kuali, tuangkan minyak zaitun. Satukan bawang, daun bay, bawang putih, chorizo, dan paprika dalam mangkuk adunan yang besar. 7 minit dalam ketuhar
c) Dalam mangkuk adunan yang besar, satukan cili merah, tomato, saderi, lada, garam, oregano, stok ikan dan wain putih.
d) Masak selama 10 minit.
e) Masukkan ikan. 4 minit dalam ketuhar
f) Gunakan nasi sebagai ulam.
g) Masukkan pasli sebagai hiasan.
h) Disfrutar!!!

56. Ratatouille Sepanyol

BAHAN-BAHAN:
- 1 lada benggala merah (potong dadu)
- 1 bawang bersaiz sederhana (dihiris atau dicincang)
- 1 ulas bawang putih
- 1 Zucchini (dicincang)
- 1 lada benggala hijau (dipotong dadu)
- 1 sudu besar. garam
- 1 sudu besar. lada
- 1 tin tomato (dicincang)
- 3 sudu besar. minyak zaitun
- 1 percikan wain putih
- 1 genggam Parsley segar

ARAHAN:
a) Dalam kuali, tuangkan minyak zaitun.
b) Masukkan bawang. Biarkan 4 minit masa menggoreng dengan api sederhana.
c) Masukkan bawang putih dan lada sulah. Biarkan selama 2 minit lagi untuk menggoreng.
d) Masukkan zucchini, tomato, wain putih, dan perasakan dengan garam dan lada secukup rasa.
e) Masak selama 30 minit atau sehingga masak.
f) Hiaskan dengan pasli, jika mahu.
g) Hidangkan bersama nasi atau roti bakar sebagai ulam.
h) Nikmati!!!

57. Rebus kacang & Chorizo

BAHAN-BAHAN:
- 1 lobak merah (dipotong dadu)
- 3 sudu besar. minyak zaitun
- 1 biji bawang bersaiz sederhana
- 1 lada benggala merah
- 400g kacang fabes kering
- 300 gram sosej Chorizo
- 1 lada benggala hijau
- 1 cawan pasli (dicincang)
- 300g tomato (potong dadu)
- 2 cawan stok ayam
- 300 gram paha ayam (fillet)
- 6 ulas bawang putih
- 1 kentang bersaiz sederhana (dipotong dadu)
- 2 sudu besar. thyme
- 2 sudu besar. garam secukup rasa
- 1 sudu besar. lada

ARAHAN:
a) Dalam kuali, tuangkan minyak sayuran. Masukkan bawang. Biarkan 2 minit masa menggoreng dengan api sederhana.
b) Dalam mangkuk adunan yang besar, satukan bawang putih, lobak merah, lada benggala, chorizo, dan paha ayam. Biarkan 10 minit untuk memasak.
c) Masukkan thyme, stok ayam, kacang, kentang, tomato, pasli, dan perasakan dengan garam dan lada sulah secukup rasa.
d) Masak selama 30 minit, atau sehingga kacang empuk dan rebusan telah pekat.

58. Gazpacho

BAHAN-BAHAN:
- 2 paun tomato masak, dicincang
- 1 lada benggala merah (dipotong dadu)
- 2 ulas bawang putih (kisar)
- 1 sudu besar. garam
- 1 sudu besar. lada
- 1 sudu besar. jintan (tanah)
- 1 cawan bawang merah (dicincang)
- 1 lada Jalapeno bersaiz besar
- 1 cawan minyak zaitun
- 1 biji limau nipis 1 biji timun bersaiz sederhana
- 2 sudu besar. cuka
- 1 cawan tomato (jus)
- 1 sudu besar. sos Worcestershire
- 2 sudu besar. selasih segar (dihiris)
- 2 keping roti

ARAHAN:
a) Dalam mangkuk adunan, satukan timun, tomato, lada, bawang merah, bawang putih, jalapeno, garam, dan jintan manis. Kacau semuanya bersama-sama sepenuhnya.
b) Dalam pengisar, satukan minyak zaitun, cuka, sos Worcestershire, jus limau nipis, jus tomato dan roti. Kisar sehingga adunan benar-benar licin.
c) Masukkan adunan yang telah dikisar ke dalam adunan asal menggunakan penapis.
d) Pastikan anda menggabungkan semuanya sepenuhnya.
e) Masukkan separuh adunan ke dalam pengisar dan haluskan. Kisar sehingga adunan benar-benar licin.
f) Kembalikan adunan yang telah bercampur kepada adunan yang lain. Kacau semuanya bersama-sama sepenuhnya.
g) Sejukkan mangkuk selama 2 jam selepas mekacangupnya.
h) Selepas 2 jam, keluarkan mangkuk. Perasakan adunan dengan garam dan lada sulah. Taburkan selasih di atas hidangan.
i) Hidang.
j) Disfrutar!!!

59. Sotong dan Nasi

BAHAN-BAHAN:
- 6 oz. makanan laut (mana-mana pilihan anda)
- 3 ulas bawang putih
- 1 biji bawang besar sederhana (dihiris)
- 3 sudu besar. minyak zaitun
- 1 lada hijau (dihiris)
- 1 sudu besar. dakwat sotong
- 1 tandan pasli
- 2 sudu besar. paprika
- 550 gram sotong (dibersihkan)
- 1 sudu besar. garam
- 2 biji saderi (potong dadu)
- 1 helai daun salam segar
- 2 biji tomato bersaiz sederhana (parut)
- 300g beras calasparra
- 125ml wain putih
- 2 cawan stok ikan
- 1 biji limau

ARAHAN:

a) Dalam kuali, tuangkan minyak zaitun. Satukan bawang besar, daun bay, lada, dan bawang putih dalam mangkuk adunan. Biarkan beberapa minit menggoreng.

b) Masukkan sotong dan makanan laut. Masak beberapa minit, kemudian keluarkan sotong/makanan laut.

c) Dalam mangkuk adunan yang besar, satukan paprika, tomato, garam, saderi, wain dan pasli. Biarkan 5 minit untuk sayur-sayuran selesai masak.

d) Masukkan beras yang telah dibilas dalam kuali. Satukan stok ikan dan dakwat sotong dalam mangkuk adunan.

e) Masak selama 10 minit. Satukan makanan laut dan sotong dalam mangkuk adunan yang besar.

f) Masak selama 5 minit lagi.

g) Hidangkan dengan aioli atau limau.

60. Rebus arnab dalam Tomato

BAHAN-BAHAN:
- 1 ekor arnab penuh , potong kecil
- 1 daun salam
- 2 biji bawang bersaiz besar
- 3 ulas bawang putih
- 2 sudu besar. minyak zaitun
- 1 sudu besar. paprika manis
- 2 tangkai rosemary segar
- 1 tin tomato
- 1 tangkai thyme
- 1 cawan wain putih
- 1 sudu besar. garam
- 1 sudu besar. lada

ARAHAN:
a) Dalam kuali, panaskan minyak zaitun di atas api yang sederhana tinggi.
b) Panaskan minyak dan masukkan ketulan arnab. Goreng sehingga kepingan menjadi perang sekata.
c) Keluarkannya setelah selesai.
d) Masukkan bawang besar dan bawang putih ke dalam kuali yang sama. Masak sehingga ia benar-benar lembut.
e) Dalam mangkuk adunan yang besar, satukan thyme, paprika, rosemary, garam, lada, tomato dan daun bay. Biarkan 5 minit untuk memasak.
f) Masukkan ketulan arnab dengan wain. Masak, ditutup, selama 2 jam, atau sehingga ketulan arnab masak dan sos telah pekat.
g) Hidangkan bersama kentang goreng atau roti bakar.

61. Udang dengan Adas

BAHAN-BAHAN:
- 1 sudu besar. garam
- 1 sudu besar. lada
- 2 ulas bawang putih (hiris)
- 2 sudu besar. minyak zaitun
- 4 sudu besar. manzanilla sherry
- 1 mentol adas
- 1 genggam tangkai pasli
- 600g tomato ceri
- 15 ekor udang bersaiz besar, dikupas
- 1 cawan wain putih

ARAHAN:

a) Dalam periuk besar, panaskan minyak. Letakkan ulas bawang putih yang telah dipotong ke dalam mangkuk. Biarkan goreng sehingga bawang putih berwarna perang keemasan.

b) Masukkan adas dan pasli ke dalam campuran. Masak selama 10 minit dengan api perlahan.

c) Dalam mangkuk adunan yang besar, satukan tomato, garam, lada, sherry dan wain. Didihkan selama 7 minit, atau sehingga sos pekat.

d) Letakkan udang kupas di atas. Masak selama 5 minit, atau sehingga udang bertukar merah jambu.

e) Hiaskan dengan taburan daun pasli.

f) Hidangkan dengan sebelah roti.

PENJERAHAN

62. Flan de Leche (Flan Sepanyol)

BAHAN-BAHAN:
- 1 cawan gula (untuk karamel)
- 6 biji telur besar
- 1 tin susu pekat manis 14 auns
- 1 12-auns tin susu sejat
- 1 sudu besar ekstrak vanila

ARAHAN:

a) Panaskan ketuhar hingga 350°F (175°C). Mulakan dengan membuat karamel. Dalam periuk sederhana di atas api sederhana rendah, cairkan gula sehingga ia keemasan. Berhati-hati tuangkan karamel panas ke dalam loyang bulat, berpusar untuk menyalut bahagian bawah.

b) Dalam pengisar, satukan telur, susu pekat, susu sejat, dan ekstrak vanila. Kisar hingga sebati.

c) Tuangkan adunan telur ke atas karamel dalam loyang. Letakkan hidangan ini dalam kuali pembakar yang lebih besar dan tambah air panas ke dalam kuali luar (kira-kira separuh bahagian tepi hidangan flan).

d) Bakar dalam ketuhar yang telah dipanaskan selama kira-kira 60 minit, atau sehingga set. Biarkan ia sejuk, kemudian sejukkan selama sekurang-kurangnya 4 jam.

e) Untuk menghidang, letakkan pisau di sekeliling tepi flan, dan terbalikkan ke atas pinggan. Sos karamel akan mengalir ke atas flan.

63. Tarta de Santiago (Kek Badam)

BAHAN-BAHAN:
- 2 cawan badam kisar
- 1 cawan gula
- 4 biji telur
- Perahan 1 limau
- 1 sudu teh kayu manis tanah
- Gula serbuk untuk habuk
- Pilihan: 1/2 sudu teh ekstrak badam

ARAHAN:
a) Panaskan ketuhar anda hingga 350°F (175°C) dan griskan loyang kek bulat 8 atau 9 inci, alaskannya dengan kertas minyak.
b) Dalam mangkuk besar, campurkan bersama badam kisar, gula, kulit limau, dan kayu manis.
c) Pukul telur dalam mangkuk yang berasingan sehingga berbuih. Masukkan telur ke dalam adunan badam sehingga sebati. Tambah ekstrak badam jika menggunakan.
d) Tuangkan adunan ke dalam loyang yang disediakan dan bakar selama kira-kira 25-30 minit, atau sehingga pencungkil gigi yang dimasukkan ke dalam bahagian tengah keluar bersih.
e) Biarkan kek sejuk di dalam kuali sebelum memindahkannya ke rak dawai. Setelah sejuk, taburkan dengan gula tepung. Secara tradisinya, salib St. James (Cruz de Santiago) distensil di tengah.

64. Murahan Galette dengan Salami

BAHAN-BAHAN:
- 130 g mentega
- 300 g tepung
- 1 sudu teh garam
- 1 biji telur
- 80 ml susu
- 1/2 sudu teh cuka
- Pengisian:
- 1 biji tomato
- 1 lada manis
- zucchini
- salami
- mozarella
- 1 sudu besar.minyak zaitun
- herba (seperti thyme, basil, bayam)

ARAHAN:
a) Kiubkan mentega.
b) Dalam mangkuk atau kuali, satukan minyak, tepung, dan garam dan potong dengan pisau.
c) Masukkan telur, sedikit cuka, dan sedikit susu.
d) Mula menguli doh. Sejukkan selama setengah jam selepas digulung menjadi bebola dan balut dengan bungkus plastik.
e) Potong semua bahan inti .
f) Letakkan inti di tengah bulatan besar doh yang telah digulung di atas kertas pembakar (kecuali Mozzarella).
g) Taburkan dengan minyak zaitun dan perasakan dengan garam dan lada sulah.
h) Kemudian angkat tepi doh dengan berhati-hati, bungkusnya di sekeliling bahagian yang bertindih, dan tekan perlahan-lahan.
i) Panaskan ketuhar hingga 200°C dan bakar selama 35 minit. Masukkan mozzarella sepuluh minit sebelum tamat masa membakar dan teruskan membakar.
j) Hidangkan segera!

65. Ricotta Di berkrim

BAHAN-BAHAN:
- 1 kerak pai yang dibeli di kedai
- 1 ½ paun keju ricotta
- ½ cawan keju mascarpone
- 4 biji telur dipukul
- ½ cawan gula putih
- 1 sudu besar. brendi

ARAHAN:
a) Panaskan ketuhar hingga 350 darjah Fahrenheit.
b) Satukan semua bahan inti dalam mangkuk adunan. Kemudian tuang adunan ke dalam kerak.
c) Panaskan ketuhar hingga 350°F dan bakar selama 45 minit.
d) Sejukkan pai selama sekurang-kurangnya 1 jam sebelum dihidangkan.

66. Kuki Anisette

BAHAN-BAHAN:
- 1 cawan gula
- 1 cawan mentega
- 3 cawan tepung
- ½ cawan susu
- 2 biji telur dipukul
- 1 sudu besar. serbuk penaik
- 1 sudu besar. ekstrak badam
- 2 sudu kecil. minuman keras anisette
- 1 cawan gula kuih-muih

ARAHAN:
a) Panaskan ketuhar hingga 375 darjah Fahrenheit.
b) Putar gula dan mentega hingga lembut dan kembang.
c) Masukkan tepung, susu, telur, serbuk penaik, dan ekstrak badam secara beransur-ansur.
d) Uli doh sehingga menjadi likat.
e) Buat bebola kecil daripada kepingan doh sepanjang 1 inci.
f) Panaskan ketuhar hingga 350°F dan griskan loyang. Letakkan bebola di atas loyang.
g) Panaskan ketuhar hingga 350°F dan bakar biskut selama 8 minit.
h) Satukan minuman keras anisette, gula manisan, dan 2 sudu besar air panas dalam mangkuk adunan.
i) Akhir sekali, celupkan biskut ke dalam glaze semasa ia masih suam.
j)

67. Karamel Flan

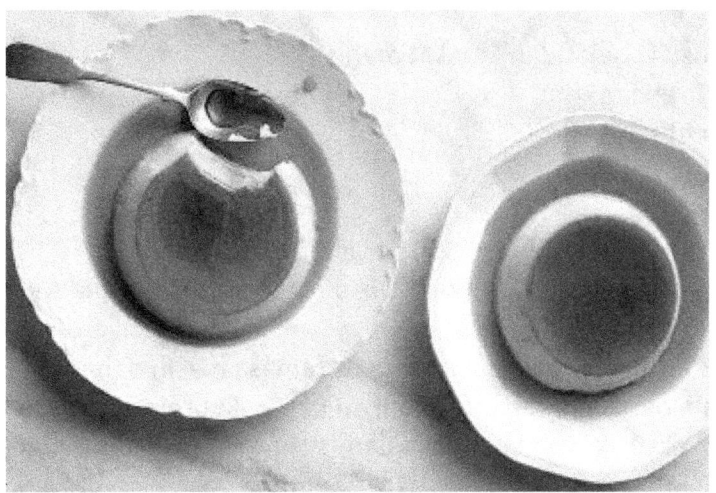

BAHAN-BAHAN:
- 1 sudu besar. ekstrak vanila
- 4 biji telur
- 2 tin susu (1 sejat dan 1 pekat manis)
- 2 cawan sebat krim
- 8 sudu besar. gula

ARAHAN:
a) Panaskan ketuhar hingga 350 darjah Fahrenheit.
b) Dalam kuali nonstick, cairkan gula dengan api sederhana sehingga kekuningan.
c) Tuangkan gula cair ke dalam loyang semasa masih panas.
d) Dalam hidangan adunan, pecahkan dan pukul telur. Satukan susu pekat, ekstrak vanila, krim, dan susu manis dalam mangkuk adunan. Buat campuran yang teliti.
e) Tuangkan adunan ke dalam loyang yang disalut gula cair. Letakkan kuali dalam kuali yang lebih besar dengan 1 inci air mendidih.
f) B ake selama 60 minit.

68. Krim Catalan

BAHAN-BAHAN:
- 4 biji kuning telur
- 1 kayu manis (batang)
- 1 biji limau (perahan kulit)
- 2 sudu besar. tepung jagung
- 1 cawan gula
- 2 cawan susu
- 3 cawan Buah-buahan Segar (beri atau buah tin)

ARAHAN:
a) Dalam kuali, pukul bersama kuning telur dan sebahagian besar gula. Kisar sehingga adunan berbuih dan licin.
b) Masukkan batang kayu manis bersama kulit limau. Buat campuran yang teliti.
c) Campurkan tepung jagung dan susu. Di bawah api perlahan, kacau sehingga adunan menjadi pekat.
d) Keluarkan periuk dari ketuhar. Biarkan sejuk selama beberapa minit.
e) Masukkan adunan dalam ramekin dan ketepikan.
f) Ketepikan sekurang-kurangnya 3 jam di dalam peti sejuk.
g) Apabila sedia untuk dihidangkan, taburkan baki gula ke atas ramekin.
h) Letakkan ramekin di rak bawah dandang. Biarkan gula cair sehingga bertukar warna perang keemasan.
i) Sebagai hiasan, hidangkan bersama buah-buahan.

69. Krim Sepanyol oren-limau

BAHAN-BAHAN:
- 4½ sudu teh Gelatin biasa
- ½ cawan jus oren
- ¼ cawan Jus limau
- 2 cawan susu
- 3 Telur, dipisahkan
- ⅔ cawan gula
- Secubit garam
- 1 sudu besar Kulit oren parut

ARAHAN:
a) Campurkan gelatin, jus oren, dan jus limau bersama-sama dan biarkan selama 5 minit.
b) Panaskan susu dan pukul kuning, gula, garam, dan kulit oren.
c) Masak dalam double boiler sehingga menyaluti bahagian belakang sudu (atas air, bukan air mendidih).
d) Selepas itu, masukkan adunan gelatin. Sejuk.
e) Masukkan putih telur yang telah dipukul kaku ke dalam adunan.
f) Sejukkan sehingga set.

70. Dronken meloen

BAHAN-BAHAN:
- Untuk hidangan Pilihan 3 hingga 6 keju Sepanyol yang berbeza
- 1 Wain port botol
- 1 Tembikai, bahagian atas dibuang dan deed ed

ARAHAN:
a) Satu hingga tiga hari sebelum makan malam, tuangkan port ke dalam tembikai.
b) Sejukkan di dalam peti sejuk, ditutup dengan bungkus plastik dan bahagian atas diganti.
c) Keluarkan tembikai dari peti sejuk dan keluarkan bungkus dan bahagian atasnya apabila sedia untuk dihidangkan.
d) Keluarkan port dari tembikai dan letakkan di dalam mangkuk.
e) Potong tembikai menjadi kepingan selepas mengeluarkan kulitnya. Letakkan kepingan dalam empat hidangan sejuk berasingan.
f) Hidangkan di atas ulam dengan keju.

71. Sorbet lmond

BAHAN-BAHAN:
- 1 cawan Badam rebus; dibakar
- 2 cawan Mata air
- ¾ cawan gula
- 1 secubit Kayu manis
- 6 sudu besar Sirap jagung ringan
- 2 sudu besar Amaretto
- 1 sudu kecil kulit limau

ARAHAN:
a) Dalam pemproses makanan, kisar badam hingga menjadi serbuk. Dalam periuk besar, satukan air, gula, sirap jagung, minuman keras, kulit, dan kayu manis, kemudian masukkan kacang tanah.
b) Dengan api sederhana, kacau sentiasa sehingga gula larut dan adunan mendidih. 2 minit semasa mendidih
c) Ketepikan untuk menyejukkan Dengan menggunakan pembuat aiskrim, kisar adunan sehingga separa beku.
d) Jika anda tidak mempunyai pembuat ais krim, pindahkan adunan ke dalam mangkuk keluli tahan karat dan beku sehingga keras, kacau setiap 2 jam.

72. Torte epal Sepanyol

BAHAN-BAHAN:
- ¼ paun Mentega
- ½ cawan gula
- 1 Kuning telur
- 1½ cawan Tepung yang diayak
- 1 sengkang garam
- ⅛ sudu teh Serbuk penaik
- 1 cawan susu
- ½ Kulit limau
- 3 Kuning telur
- ¼ cawan gula
- ¼ cawan tepung
- 1½ sudu besar Mentega
- ¼ cawan gula
- 1 sudu besar Jus limau
- ½ sudu teh Kayu manis
- 4 Epal, dikupas & dihiris
- Epal; aprikot, atau mana-mana jeli pilihan

ARAHAN:

a) Panaskan ketuhar hingga 350°F. Satukan gula dan mentega dalam mangkuk adunan. Campurkan bahan-bahan yang tinggal sehingga membentuk bola.

b) Canai doh ke dalam loyang bentuk spring atau loyang pai. Simpan dalam peti sejuk sehingga sedia untuk digunakan.

c) Satukan jus limau, kayu manis, dan gula dalam mangkuk adunan. Masukkan dengan epal dan toskan hingga berlapis. Ini adalah sesuatu yang boleh dilakukan lebih awal daripada masa.

d) Masukkan kulit limau ke dalam susu. Didihkan susu, kemudian kecilkan api perlahan selama 10 minit. Sementara itu, dalam kuali sos yang berat, pukul bersama kuning telur dan gula.

e) Apabila susu sudah siap, tuangkan perlahan-lahan ke dalam adunan kuning telur sambil sentiasa dipukul dengan api perlahan. Masukkan tepung perlahan-lahan sambil dipukul dengan api perlahan.

f) Teruskan pukul adunan hingga sebati dan pekat. Keluarkan kuali dari api. Masukkan mentega perlahan-lahan hingga cair.

g) Isikan kerak dengan kastard. Untuk membuat satu atau dua lapisan, letakkan epal di atas. Letakkan torte dalam ketuhar 350°F selama kira-kira 1 jam selepas ia siap.

h) Angkat dan ketepikan untuk sejuk. Apabila epal cukup sejuk untuk dikendalikan, panaskan jeli pilihan anda dan gerimis di atasnya.

i) Ketepikan jeli untuk menyejukkan. Hidang.

73. Caramel kastard

BAHAN-BAHAN:
- ½ cawan Gula pasir
- 1 sudu kecil air
- 4 Kuning telur atau 3 biji telur keseluruhan
- 2 cawan Susu, melecur
- ½ sudu teh Ekstrak vanila

ARAHAN:

a) Dalam kuali besar, satukan 6 sudu besar gula dan 1 cawan air. Panaskan dengan api perlahan, goncang atau pusing sekali-sekala menggunakan sudu kayu untuk mengelakkan hangus, sehingga gula bertukar menjadi keemasan.

b) Tuangkan sirap karamel ke dalam loyang cetek (8x8 inci) atau pinggan pai secepat mungkin. Biarkan sejuk sehingga keras.

c) Panaskan ketuhar hingga 325 darjah Fahrenheit.

d) Pukul kuning telur atau keseluruhan telur bersama-sama. Campurkan susu, ekstrak vanila, dan baki gula sehingga sebati.

e) Tuangkan karamel yang telah disejukkan di atas.

f) Letakkan hidangan pembakar dalam mandi air panas. Bakar selama 1-112 jam, atau sehingga bahagian tengah ditetapkan. Sejuk, sejuk, sejuk.

g) Untuk menghidang, terbalikkan ke atas pinggan hidangan dengan berhati-hati.

74. kek keju Sepanyol

BAHAN-BAHAN:
- 1 paun Keju krim
- 1½ cawan gula; Berbutir
- 2 e gg
- ½ sudu teh Kayu manis; tanah
- 1 sudu kecil Kulit Limau; Parut
- ¼ cawan Tepung Tidak Diluntur
- ½ sudu teh garam
- 1 x Gula Gula
- 3 sudu besar Mentega

ARAHAN:

a) Panaskan ketuhar hingga 400 darjah Fahrenheit. Campurkan keju, 1 sudu besar mentega, dan gula dalam besen adunan yang besar. Jangan belasah.

b) Masukkan telur satu persatu, pukul sebati selepas setiap penambahan.

c) Satukan kayu manis, kulit limau, tepung, dan garam. Mentegakan kuali dengan baki 2 sudu besar mentega, ratakan dengan jari anda.

d) Tuangkan adunan ke dalam loyang yang disediakan dan bakar pada suhu 400 darjah selama 12 minit, kemudian turunkan kepada 350 darjah dan bakar selama 25 hingga 30 minit lagi. Pisau hendaklah bebas daripada sebarang sisa.

e) Apabila kek telah sejuk ke suhu bilik, taburkan dengan gula gula.

75. Kastard goreng Sepanyol

BAHAN-BAHAN:
- 1 Kulit kayu manis
- Kupas 1 limau
- 3 cawan susu
- 1 cawan gula
- 2 sudu besar Tepung jagung
- 2 sudu teh Kayu manis
- tepung; untuk mengorek
- Basuh telur
- Minyak zaitun; untuk menggoreng

ARAHAN:
a) Satukan batang kayu manis, kulit limau, 34 cawan gula, dan 212 cawan susu dalam periuk dengan api sederhana.
b) Masak sehingga mendidih, kemudian kecilkan api dan masak selama 30 minit. Keluarkan kulit limau dan batang kayu manis. Satukan baki susu dan tepung jagung dalam besen adunan kecil.
c) Pukul sebati. Dalam aliran perlahan dan mantap, kacau campuran tepung jagung ke dalam susu yang dipanaskan. Didihkan, kemudian kecilkan api dan masak selama 8 minit, kacau kerap. Angkat dari api dan tuang ke dalam loyang 8 inci yang telah disapu mentega.
d) Biarkan sejuk sepenuhnya. Tutup dan sejukkan sehingga sejuk sepenuhnya. Buat segi tiga 2 inci daripada kastard.
e) Satukan baki 14 cawan gula dan kayu manis dalam mangkuk adunan. Gaul sebati. Korek segitiga dalam tepung sehingga tertutup sepenuhnya.
f) Celupkan setiap segi tiga dalam basuhan telur dan titiskan lebihan. Kembalikan kastard ke dalam tepung dan salutkan sepenuhnya.
g) Panaskan minyak dalam kuali tumis besar dengan api sederhana. Letakkan segitiga dalam minyak panas dan goreng selama 3 minit, atau sehingga perang di kedua-dua belah.
h) Keluarkan ayam dari kuali dan toskan pada tuala kertas. Gaulkan dengan bancuhan gula kayu manis dan perasakan dengan garam dan lada sulah.
i) Teruskan dengan seluruh segi tiga dengan cara yang sama.

76.S gula-gula kacang panish

BAHAN-BAHAN:
- 1 cawan susu
- 3 cawan Gula merah muda
- 1 Tbsp.mentega
- 1 sudu kecil Ekstrak vanila
- 1 paun daging walkacang; dicincang

ARAHAN:
a) Didihkan susu bersama gula perang sehingga menjadi karamel, kemudian masukkan mentega dan esen vanila sejurus sebelum dihidangkan.
b) Sejurus sebelum mengeluarkan gula-gula dari api, masukkan walkacang.
c) Dalam mangkuk adunan yang besar, satukan kacang dengan teliti dan sudukan adunan ke dalam tin muffin yang disediakan.
d) Potong segi empat sama dengan pisau tajam dengan segera.

77. Puding Sayang ed

BAHAN-BAHAN:
- ¼ cawan Mentega tanpa garam
- 1½ cawan susu
- 2 besar Telur; dipukul ringan
- 6 keping Roti negara putih; koyak
- ½ cawan Jelas; madu nipis, ditambah
- 1 sudu besar Jelas; madu nipis
- ½ cawan Air panas; tambah lagi
- 1 sudu besar Air panas
- ¼ sudu teh Serbuk kayu manis
- ¼ sudu teh Vanila

ARAHAN:

a) Panaskan ketuhar hingga 350 darjah dan gunakan sedikit mentega untuk mentega hidangan pai kaca 9 inci. Pukul susu dan telur, kemudian masukkan kepingan roti dan putar hingga rata.

b) Biarkan roti direndam selama 15 hingga 20 minit, terbalikkan sekali atau dua kali. Dalam kuali nonstick yang besar, panaskan baki mentega di atas api sederhana.

c) Goreng roti yang direndam dalam mentega sehingga keemasan, kira-kira 2 hingga 3 minit pada setiap sisi. Pindahkan roti ke dalam loyang.

d) Dalam mangkuk, satukan madu dan air panas dan kacau sehingga adunan sebati.

e) Kacau dalam kayu manis dan vanila dan gerimis campuran di atas dan sekitar roti.

f) Bakar selama kira-kira 30 minit, atau sehingga perang keemasan.

78. Torte bawang Sepanyol

BAHAN-BAHAN:
- ½ sudu teh Minyak zaitun
- 1 liter bawang Sepanyol
- ¼ cawan air
- ¼ cawan Wain merah
- ¼ sudu teh Rosemary kering
- 250 gram Kentang
- 3/16 cawan Yogurt semulajadi
- ½ sudu besar Tepung
- ½ Telur
- ¼ cawan keju parmesan
- ⅛ cawan pasli cincang

ARAHAN:
a) Sediakan bawang Sepanyol dengan menghiris nipis dan memarut kentang dan keju parmesan.
b) Dalam kuali berdasar berat, panaskan minyak. Masak, kacau sekali-sekala, sehingga bawang lembut.
c) Rebus selama 20 minit, atau sehingga cecair telah sejat dan bawang telah bertukar warna coklat gelap kemerah-merahan.
d) Campurkan rosemary, kentang, tepung, yogurt, telur, dan keju parmesan bersama-sama dalam mangkuk adunan. Masukkan bawang.
e) Dalam pinggan flan kalis ketuhar 25cm yang telah digris dengan baik, ratakan bahan-bahan tersebut . Panaskan ketuhar hingga 200°C dan bakar selama 35-40 minit, atau sehingga perang keemasan.
f) Hiaskan dengan pasli sebelum dipotong menjadi kepingan dan dihidangkan.

79. Soufflé kuali Sepanyol

BAHAN-BAHAN:
- 1 Nasi Perang Pantas Sepanyol Kotak
- 4 Telur
- 4 auns Cili hijau dicincang
- 1 cawan air
- 1 cawan Keju parut

ARAHAN:
a) Ikuti pembungkusan **ARAHAN:** untuk memasak kandungan kotak.
b) Apabila nasi siap, pukul bahan-bahan yang tinggal , tidak termasuk keju.
c) Teratas dengan keju parut dan bakar pada suhu 325°F selama 30-35 minit.
d)

MINUMAN

80. Rum & Halia

BAHAN-BAHAN:
- 50ml rum Bacardi
- 100ml bir Halia
- 2 keping limau nipis
- 2 sengkang Angostura pahit
- 1 tangkai pudina

ARAHAN:
a) Masukkan ais ke dalam gelas.
b) Tambah jus limau nipis, rum, bir halia, dan pahit .
c) Perlahan-lahan kacau bahan-bahan bersama.
d) Hiaskan dengan hirisan limau nipis dan daun pudina.
e) Hidang.

81. Sangria Sepanyol

BAHAN-BAHAN:
- 1 oren, dihiris
- 2 biji limau, dihiris
- 1/2 cawan gula
- 2 botol wain merah
- 2 auns triple sec
- 1/2 cawan brendi
- 2 (12-auns) tin soda limau-limau

ARAHAN:
a) Dalam mangkuk besar, potong oren dan limau ke dalam kepingan tebal 1/8 inci.
b) Tambah 1/2 cawan gula (atau kurang jika dikehendaki) dan biarkan buah-buahan berendam dalam gula selama kira-kira 10 minit, cukup lama untuk jus semulajadi buah mengalir.
c) Masukkan wain dan kacau rata untuk membubarkan gula.
d) Masukkan triple sec dan brendi.
e) Masukkan 2 tin soda dan kacau
f) Tambah lebih banyak gula atau soda jika mahu. Semak untuk melihat sama ada gula telah larut sepenuhnya.
g) Untuk menyejukkan mangkuk penumbuk sepenuhnya, tambahkan sejumlah besar ais.
h) Jika anda menghidangkan sangria dalam kendi, isikannya dengan ais separuh dan kemudian tuangkan sangria ke atasnya.

82. Tinto de verano

BAHAN-BAHAN:
- 3 hingga 4 kiub ais
- 1/2 cawan wain merah
- 1/2 cawan soda limau-limau
- Sepotong limau, untuk hiasan

ARAHAN:
a) Dalam gelas tinggi, letakkan kiub ais.
b) Masukkan wain merah dan soda.
c) Hidangkan bersama hirisan limau sebagai hiasan.

83. Sangria Wain Putih

BAHAN-BAHAN:
- 3 oren sederhana atau 1 cawan jus oren
- 1 biji limau, dipotong menjadi kepingan
- 1 biji limau purut, potong kiub
- 1 botol wain putih, sejuk
- 2 auns brendi, pilihan
- 2/3 cawan gula putih
- 2 cawan soda kelab, atau bir halia

ARAHAN:
a) Dalam periuk, perah jus dari hirisan sitrus.
b) Keluarkan biji dan masukkan ke dalam baji jika boleh. Isi periuk dengan jus oren jika anda menggunakannya sebaliknya.
c) Tuangkan wain putih ke atas buah di dalam periuk.
d) Masukkan brendi dan gula, jika guna. Untuk memastikan semua gula dibubarkan, kacau dengan kuat.
e) Simpan di dalam peti sejuk jika tidak dihidangkan segera.
f) Untuk memastikan sangria berkilauan, tambahkan bir halia atau soda kelab sebelum dihidangkan.

84. Horchata

BAHAN-BAHAN:
- 1 cawan beras putih bijirin panjang
- 1 batang kayu manis, patah
- 1 sudu kecil perahan limau nipis
- 5 cawan air minuman (dibahagikan)
- 1/2 cawan gula pasir

ARAHAN:
a) Tumbuk beras dalam pengisar sehingga ia mencapai konsistensi tepung.
b) Toskan dengan batang kayu manis dan kulit limau nipis, dan biarkan di dalam bekas kedap udara pada suhu bilik semalaman.
c) Kembalikan adunan beras ke dalam pengisar dan proses sehingga serpihan kayu manis hancur sepenuhnya.
d) Masukkan 2 cawan air ke dalam adunan.
e) Rendam di dalam peti sejuk selama beberapa jam.
f) Tapis cecair melalui ayak halus atau beberapa lapisan kain keju ke dalam periuk kera atau mangkuk, picit dengan kerap untuk mengeluarkan sebanyak mungkin air beras susu.
g) Masukkan 3 cawan air dan gula kacau sehingga gula larut sepenuhnya.
h) Sejukkan horchata sebelum dihidangkan.

85. Licor 43 Cuba Percuma

BAHAN-BAHAN:
- 1 auns Licor 43
- 1/2 auns rum
- 8 auns cola
- 1/2 auns jus limau
- Hirisan limau, untuk hiasan

ARAHAN:
a) Letakkan kiub ais dalam gelas 12 auns.
b) Masukkan Licor 43 dan rum ke dalam gelas; tutup dengan cola.
c) Perah jus limau ke dalam gelas; Kacau hingga sebati; dan hidangkan bersama hirisan limau nipis sebagai hiasan.
d) Nikmati!

86. Buah Air tawar

BAHAN-BAHAN:
- 4 cawan air minuman
- 2 cawan buah segar
- 1/4 cawan gula
- 2 sudu teh jus limau nipis yang diperah segar
- limau nipis untuk hiasan
- ais

ARAHAN:
a) Satukan air, gula, dan buah dalam pengisar.
b) Haluskan sehingga halus sepenuhnya. Isi periuk atau bekas hidangan separuh dengan adunan.
c) Masukkan air limau nipis dan kacau hingga sebati. Jika perlu, tambahkan lebih banyak gula selepas merasai.
d) Hidangkan bersama hirisan limau atau limau nipis sebagai hiasan.
e) Jika mahu, hidangkan di atas ais.

87. Caipirinha

BAHAN-BAHAN:
- 1/2 biji limau purut
- 1 1/2 sudu teh gula halus
- 2 auns cachaça/Arak Tebu
- Roda kapur, untuk hiasan

ARAHAN:
a) Potong separuh kapur menjadi kepingan kecil menggunakan pisau.
b) Kacau limau dan gula bersama-sama dalam gelas lama.
c) Masukkan cachaça ke dalam minuman dan kacau rata.
d) Masukkan kiub ais kecil atau ais pecah ke dalam gelas, kacau lagi, kemudian hiaskan dengan roda kapur.

88. Carajillo

BAHAN-BAHAN:
- ½ cawan espresso yang dibancuh atau espresso tanpa kafein
- 1 ½ hingga 2 auns Licor 43
- 8 ketul ais

ARAHAN:
a) Tuangkan 12 hingga 2 auns Licor 43 ke atas ais dalam gelas Old Fashioned.
b) Sendukkan espresso yang baru dibancuh di atas perlahan-lahan.
c) Tuangkan espresso ke atas belakang sudu untuk menghasilkan kesan bertingkat, kemudian hidangkan.

89. Liqueur Limau

BAHAN-BAHAN:
- 10 limau lebih disukai organik
- 4 cawan vodka berkualiti tinggi seperti Angsa Kelabu
- 3 ½ cawan air
- 2 ½ cawan gula pasir

ARAHAN:
a) Basuh limau dengan berus sayur-sayuran dan air panas untuk mengeluarkan sebarang sisa racun perosak atau lilin. Keringkan limau.
b) Keluarkan kulit dari limau dalam jalur panjang dengan pengupas sayuran, hanya menggunakan bahagian luar kuning kulitnya. Empulur, yang merupakan bahagian putih di bawah kulitnya, sangat pahit. Simpan limau untuk digunakan dalam hidangan lain.
c) Dalam balang atau periuk besar, tuangkan vodka.
d) Toskan kulit limau ke dalam balang atau periuk besar dan tutup dengan pekacangup atau bungkus plastik.
e) Curam kulit limau dalam vodka pada suhu bilik selama 10 hari.
f) Selepas 10 hari, masukkan air dan gula ke dalam periuk besar di atas api sederhana dan biarkan mendidih perlahan, kira-kira 5 – 7 minit. Biarkan sejuk sepenuhnya.
g) Keluarkan sirap dari api dan ketepikan untuk menyejukkan sebelum menggabungkannya dengan campuran Limoncello kulit limau dan vodka. Isikan separuh adunan limau/vodka dengan sirap gula.
h) Menggunakan penapis mesh, penapis kopi, atau kain tipis, tapis limoncello.
i) Buang kulitnya. Menggunakan corong kecil, pindahkan ke botol gaya pengapit hiasan.
j) Sejukkan botol sehingga ia benar-benar sejuk.

90. Sgroppino

BAHAN-BAHAN:
- 4 oz vodka
- 8 oz Prosecco
- 1 kelompok sorbet limau
- Hiasan Pilihan
- kulit limau
- hirisan limau
- putar limau
- daun pudina segar
- daun selasih segar

ARAHAN:
a) Dalam pengisar, satukan tiga bahan pertama .
b) Proses sehingga halus dan sebati.
c) Hidangkan dalam seruling champagne atau gelas wain.

91. Aperol Spritz

BAHAN-BAHAN:
- 3 auns prosecco
- 2 auns Aperol
- 1 auns soda kelab
- Hiasan: hirisan oren

ARAHAN:
a) Dalam gelas wain yang diisi dengan ais, pukul bersama prosecco, Aperol, dan soda kelab.
b) Masukkan hirisan oren sebagai hiasan.

92. Gingermore

BAHAN-BAHAN:
- 1 oz jus limau
- 2 hirisan kecil halia segar
- 4 buah beri hitam
- Sanpellegrino Limonata

ARAHAN:
a) Kacau beri hitam dan halia segar di bahagian bawah kaca yang kukuh dan tinggi (kapasiti 14 oz).
b) Masukkan kiub ais ke dalam gelas dan atas dengan Sanpellegrino Limonata.
c) Menggunakan sudu bar, satukan bahan-bahan perlahan-lahan .
d) Masukkan kulit limau, beri hitam, dan pudina segar untuk hiasan.

93. Hugo

BAHAN-BAHAN:
- 15 cl Prosecco, sejuk
- 2 cl sirap elderberry, atau sirap balsem limau
- sepasang daun pudina
- 1 jus limau yang baru diperah, atau jus limau
- 3 ketul ais
- air mineral berkilauan atau air soda
- hiris limau, atau limau nipis untuk hiasan kaca atau sebagai hiasan

ARAHAN:

a) Masukkan kiub ais, sirap dan daun pudina ke dalam gelas wain merah. Saya cadangkan untuk menepuk daun pudina terlebih dahulu kerana ini akan mengaktifkan aroma herba.

b) Tuangkan jus limau atau limau nipis yang baru diperah ke dalam gelas. Letakkan sepotong limau atau limau di dalam gelas dan tambah Prosecco sejuk.

c) Selepas beberapa saat, tambahkan percikan air mineral berkilauan.

94. Frappé buah segar Sepanyol

BAHAN-BAHAN:
- 1 cawan Tembikai, potong dadu
- 1 cawan Cantaloupe, dipotong dadu
- 1 cawan Nanas, potong dadu
- 1 cawan Mangga, dihiris
- 1 cawan Strawberi, dibelah dua
- 1 cawan jus oren
- ¼ cawan gula

ARAHAN:
a) Satukan semua bahan dalam mangkuk adunan. Isi pengisar separuh dengan kandungan dan tambahkan dengan ais pecah.
b) Tutup dan gabungkan pada kelajuan tinggi sehingga anda mendapat konsistensi yang konsisten. Rep dengan baki adunan.
c) Hidangkan segera, dengan buah segar di sisi jika dikehendaki.

95.S coklat panas ala panish

BAHAN-BAHAN:
- ½ paun Coklat Sweet Bakers
- 1 liter susu; (atau 1/2 Susu separuh Air)
- 2 sudu teh Tepung jagung

ARAHAN:
a) Pecahkan coklat kepada kepingan kecil dan satukan dengan susu dalam periuk.
b) Panaskan perlahan-lahan, kacau sentiasa dengan pemukul, sehingga adunan mencapai betul-betul di bawah takat didih.
c) Dengan menggunakan beberapa sudu teh air, larutkan tepung jagung.
d) Masukkan tepung jagung yang telah dilarutkan ke dalam adunan coklat sehingga cecair pekat.
e) Hidangkan segera dalam gelas suam.

96. Chinotto hijau

BAHAN-BAHAN:
- 1 oz/3 cl sage dan sirap pudina
- ¾ oz/2.5 cl jus limau
- Tambah nilai dengan Sanpellegrino Chinotto

ARAHAN:
a) Tuangkan semua sirap dan jus ke dalam gelas yang besar dan kukuh.
b) Menggunakan sudu bar, kacau semuanya dengan teliti.
c) Tambah ais ke dalam gelas dan tutup dengan Sanpellegrino Chinotto.
d) Hidangkan dengan bahagian limau nipis dan pudina segar sebagai hiasan.

97. Rose Spritz

BAHAN-BAHAN:
- 2 auns mawar Aperitivo atau minuman keras mawar
- 6 auns Prosecco atau wain berkilauan
- 2 auns soda
- Hirisan limau gedang untuk hiasan

ARAHAN:
a) Dalam shaker koktel, gabungkan 1 bahagian rose Aperitivo, 3 bahagian Prosecco, dan 1 bahagian soda.
b) Goncang kuat-kuat dan tapis ke dalam gelas koktel.
c) Masukkan ais yang telah dihancurkan atau kiub ais.
d) Masukkan hirisan limau gedang sebagai hiasan. Minum secepat mungkin.

98. Sayang bee cortado

BAHAN-BAHAN:
- 2 tembakan espresso
- 60 ml susu kukus
- 0.7 ml sirap vanila
- 0.7 ml sirap madu

ARAHAN:
a) Buat pukulan espresso berganda.
b) Didihkan susu.
c) Toskan kopi dengan sirap vanila dan madu dan kacau rata.
d) Buih lapisan nipis di atas campuran kopi/sirap dengan menambah bahagian susu yang sama.

99. Pahit jeruk

BAHAN-BAHAN:
- 4 biji oren sebaiknya organik
- 3 sudu besar. bunga lawang
- 1 sudu besar. bunga cengkih
- 1 sudu besar. buah pelaga hijau
- 1 sudu besar. akar gentian
- 2 cawan vodka atau alkohol kuat lain

ARAHAN:
a) Dalam balang kaca, masukkan kulit/kulit oren kering, rempah lain dan akar gentian. Untuk mendedahkan biji dalam buah pelaga, hancurkan mereka.
b) Menggunakan alkohol kalis kuat pilihan anda, tutup sepenuhnya kulit oren dan rempah.
c) Goncang campuran dengan alkohol untuk beberapa hari akan datang. Biarkan beberapa hari hingga minggu untuk kulit oren dan rempah meresap ke dalam alkohol.
d) Daripada tincture alkohol yang kini berperisa, tapis kulit dan rempah.

100. Pisco Sour

BAHAN-BAHAN:
- 2 oz pisco
- 1 oz sirap ringkas
- ¾ oz jus limau utama
- 1 biji putih telur
- 2-3 sengkang Angostura pahit

ARAHAN:
a) Campurkan pisco, jus limau nipis, sirap ringkas dan putih telur dalam shaker koktel.
b) Tambah ais dan goncang secara agresif.
c) Tapis ke dalam gelas vintaj.
d) Hiaskan buih dengan sedikit pahit Angostura.

KESIMPULAN

Semasa kami mengakhiri perjalanan masakan kami melalui tanah seribu landskap, saya berharap buku masakan ini telah membawa anda ke pantai yang dibasahi matahari, pasar yang sibuk dan perkampungan indah Andalucía. Melalui 100 resipi tulen ini, kami telah meraikan rasa yang meriah, tradisi yang kaya dan layanan mesra yang mentakrifkan masakan Andalusia.

Saya mengucapkan terima kasih yang tulus kepada anda kerana menyertai saya dalam pengembaraan gastronomi ini. Keghairahan anda untuk meneroka citarasa Andalucía telah menjadikan perjalanan ini benar-benar istimewa. Semoga resipi yang anda temui dalam buku masakan ini memberi inspirasi kepada anda untuk mencipta pengalaman makan yang tidak dapat dilupakan yang menangkap intipati masakan Andalusia dan membawa kegembiraan ke meja anda.

Sambil anda terus meneroka kelazatan kulinari Andalucía, semoga setiap hidangan yang anda sediakan menjadi penghormatan kepada warisan budaya yang kaya dan tradisi masakan di rantau yang menarik ini. Sama ada anda menikmati semangkuk gazpacho pada hari musim panas yang panas, menikmati tapas bersama rakan-rakan, atau menikmati hidangan rebusan yang enak pada malam yang sejuk, semoga citarasa Andalucía membawa anda ke tempat yang hangat, kegembiraan dan hidangan masakan.

Terima kasih sekali lagi kerana membenarkan saya menjadi sebahagian daripada perjalanan masakan anda melalui Andalucía. Sehingga kita bertemu lagi, semoga dapur anda dipenuhi dengan rasa, aroma dan kenangan yang meriah di kawasan yang indah ini. ¡Buen provecho y hasta luego!

www.ingramcontent.com/pod-product-compliance
Lightning Source LLC
Chambersburg PA
CBHW071903110526
44591CB00011B/1533